Edmondo De Amicis

...nastica

Daniela Difrancesco
Illustrazioni di Fabio Visintin

Redazione: Chiara Versino
Progetto grafico e direzione artistica: Nadia Maestri
Grafica al computer: Carlo Cibrario-Sent, Simona Corniola
Ricerca iconografica: Alice Graziotin

© 2016 Cideb Editrice, Genova

Prima edizione: gennaio 2016

Crediti: Shutterstock; Istockphoto; Dreamstime; Thinkstock; De Agostini Picture Library: 4, 5, 63; Private Collection/Archives Charmet/Bridgeman Images: 6; TCI/EyeOn/UIG/Getty Images: 7; © Raga Jose Fuste/Marka: 40; Hermes Images/AGF: 42; Getty Images: 43; © Christian Goupi/Marka: 60; gentile concessione Reale Società Ginnastica di Torino: 61; gentile concessione Reale Società Canottieri Cerea: 62; Popperfoto/Getty Images: 65; adoc-photos/Contrasto: 75; WebPhoto: 76, 77, 78.

Tutti i diritti riservati. È vietata la riproduzione, anche parziale, con qualsiasi mezzo effettuata, anche ad uso interno o didattico, non autorizzata.

Saremo lieti di ricevere i vostri commenti o eventuali suggerimenti, e di fornirvi ulteriori informazioni sulle nostre pubblicazioni:
info@blackcat-cideb.com

Le soluzioni degli esercizi sono disponibili sul sito:
www.blackcat-cideb.com

Member of CISQ Federation
RINA
ISO 9001:2008
Certified Quality System

The design, production and distribution of educational materials for the CIDEB brand are managed in compliance with the rules of Quality Management System which fulfils the requirements of the standard ISO 9001 (Rina Cert. No. 24298/02/S - IQNet Reg. No. IT-80096)

ISBN 978-88-530-1560-0   libro + CD

Stampato in Italia da Litoprint, Genova

Indice

Edmondo De Amicis 4

CAPITOLO 1	**La lettera**	11
CAPITOLO 2	**I tormenti del segretario**	21
CAPITOLO 3	**Strategie amorose**	31
CAPITOLO 4	**La proposta**	45
CAPITOLO 5	**Tutto va a rotoli**	54
CAPITOLO 6	**Epilogo**	67

DOSSIER	Torino, un tesoro di storia e cultura	39
	Torino, capitale dello sport	61

CINEMA	*Amore e ginnastica*: dal libro al film	76

ATTIVITÀ	10, 16, 20, 26, 30, 36, 44, 50, 53, 59, 66, 73	

TEST FINALE		79

CELI 2 Esercizi in stile CELI 2 (Certificato di conoscenza della lingua italiana), livello B1.

Il testo è integralmente registrato.

Questi simboli indicano l'inizio e la fine dei brani collegati ad attività di ascolto.

Edmondo
De Amicis

Edmondo De Amicis nasce il 21 ottobre 1846 a Oneglia (Imperia), da Francesco, "banchiere regio dei Sali e Tabacchi", e Teresa Busseti. Studia in Piemonte, prima a Cuneo, poi a Torino. Nel 1863 entra all'Accademia Militare di Modena da cui, due anni dopo, esce con il grado di sottotenente. Partecipa nel 1866 alla battaglia di Custoza (terza guerra d'indipendenza) e nel 1870 sarà tra gli autori della breccia di Porta Pia. Trasferitosi a Firenze, nel 1867 inizia a collaborare con la rivista "Italia Militare", presso la quale pubblica una serie di bozzetti che nel 1868 vengono ristampati in volume sotto il titolo *La vita militare*, a cui segue *Racconti militari. Libro di lettura ad uso delle scuole dell'esercito* (1869). In queste opere l'esercito italiano è esaltato da De Amicis come simbolo della recente unità nazionale e come esperienza fondamentale per lo sviluppo di sentimenti quali la solidarietà, l'amor di patria e la comprensione reciproca.

A Firenze frequenta intellettuali e salotti letterari e inizia a scrivere per il quotidiano "La Nazione", come inviato, sia dall'Italia sia dall'estero. Da questa esperienza nasce una fortunata serie di *reportages*, tra i quali spiccano quelli dedicati alla Spagna, all'Olanda, al Marocco e a Costantinopoli.

Nel 1875 sposa clandestinamente e solo con rito religioso Teresa Boassi. Il rapporto tra i due è molto burrascoso, anche perché lo scrittore continua a vivere con la madre, che non accetta le umili origini di Teresa. Solo nel 1879, dopo la nascita del secondo figlio, i due si sposano anche civilmente e iniziano a convivere, tra continui litigi e scenate.

Tornato a Torino, nel 1886 pubblica con l'editore Treves di Milano il romanzo *Cuore*, la sua opera più famosa. Si tratta di una serie di ricordi di un anno scolastico che De Amicis affida alla voce del protagonista Enrico Bottini e che ci offrono, nella forma di un diario, un ritratto delle diverse classi sociali della Torino di fine '800. Alle impressioni di Enrico si alternano i messaggi che ogni mese il maestro Perboni scrive

"Addio." Disegno per *Cuore*.

per i propri alunni e una serie di lettere scritte per Enrico dai suoi familiari. *Cuore* è profondamente legato ai valori del Risorgimento e tenta di offrire al pubblico dell'Italia unita una morale valida per tutti, incentrata sui valori della fratellanza, del patriottismo e della famiglia. Vale la pena di notare come l'espressione "da libro *Cuore*" sia entrata nell'uso comune come sinonimo di "troppo sdolcinato e patetico". L'eccesso di sentimentalismo, infatti, è da sempre considerato uno dei limiti dell'opera: in ogni caso *Cuore* rimane uno dei libri per ragazzi più celebri di tutti i tempi. Basti pensare che, alla morte dell'autore, aveva già venduto solo in Italia ben 420 mila copie ed era stato tradotto in molte lingue.

Alla fine degli anni '80 De Amicis si avvicina al socialismo, al quale aderisce nel 1896. Conosce e frequenta Filippo Turati, Anna Kuliscioff e altri grandi socialisti d'inizio secolo, come Leonida Bissolati e Ivanoe Bonomi. Inizia inoltre a collaborare a "Critica sociale" e a numerose altre riviste socialiste. Sono di questo periodo *Sull'oceano* (1889), sulle condizioni degli emigranti italiani, *Il romanzo d'un maestro* (1890), *Amore e ginnastica* (1892), *La maestrina degli operai* (1895) e *La carrozza di tutti* (1899), un ritratto di Torino vista dal tram.

Il 1898 è per lo scrittore un *annus horribilis*: muore l'amata madre e, pochi mesi dopo, si suicida il figlio Furio, forse anche a causa dei profondi conflitti tra i genitori, che si separano l'anno successivo.

Torino, Piazza Vittorio Emanuele (oggi Vittorio Veneto) alla fine del 1800.

Nel 1903 diventa socio dell'Accademia della Crusca, tornando per breve tempo a vivere a Firenze. Tra le ultime opere vale la pena di ricordare *L'idioma gentile* (1905), una guida al buon uso dell'italiano non priva di ironia e *verve*.
De Amicis muore improvvisamente a Bordighera l'11 marzo 1908.

Comprensione

1 **Rispondi alle seguenti domande.**

1. Come comincia la carriera di De Amicis? A quale periodo storico è legata?
2. Oltre alla letteratura, in quale ambito De Amicis manifesta le sue qualità di scrittore?
3. Che cos'è *Cuore*?
4. Da quale ideale politico sono influenzati i testi che lo scrittore pubblica dopo *Cuore*?
5. Di cosa tratta *L'idioma gentile*?

Personaggi

Da sinistra a destra: don Celzani, la maestra Pedani, la maestra Zibelli, lo zio Celzani, il cavalier Pruzzi, l'ingegner Ginoni, il giovane Ginoni, il maestro Fassi, la moglie del maestro Fassi.

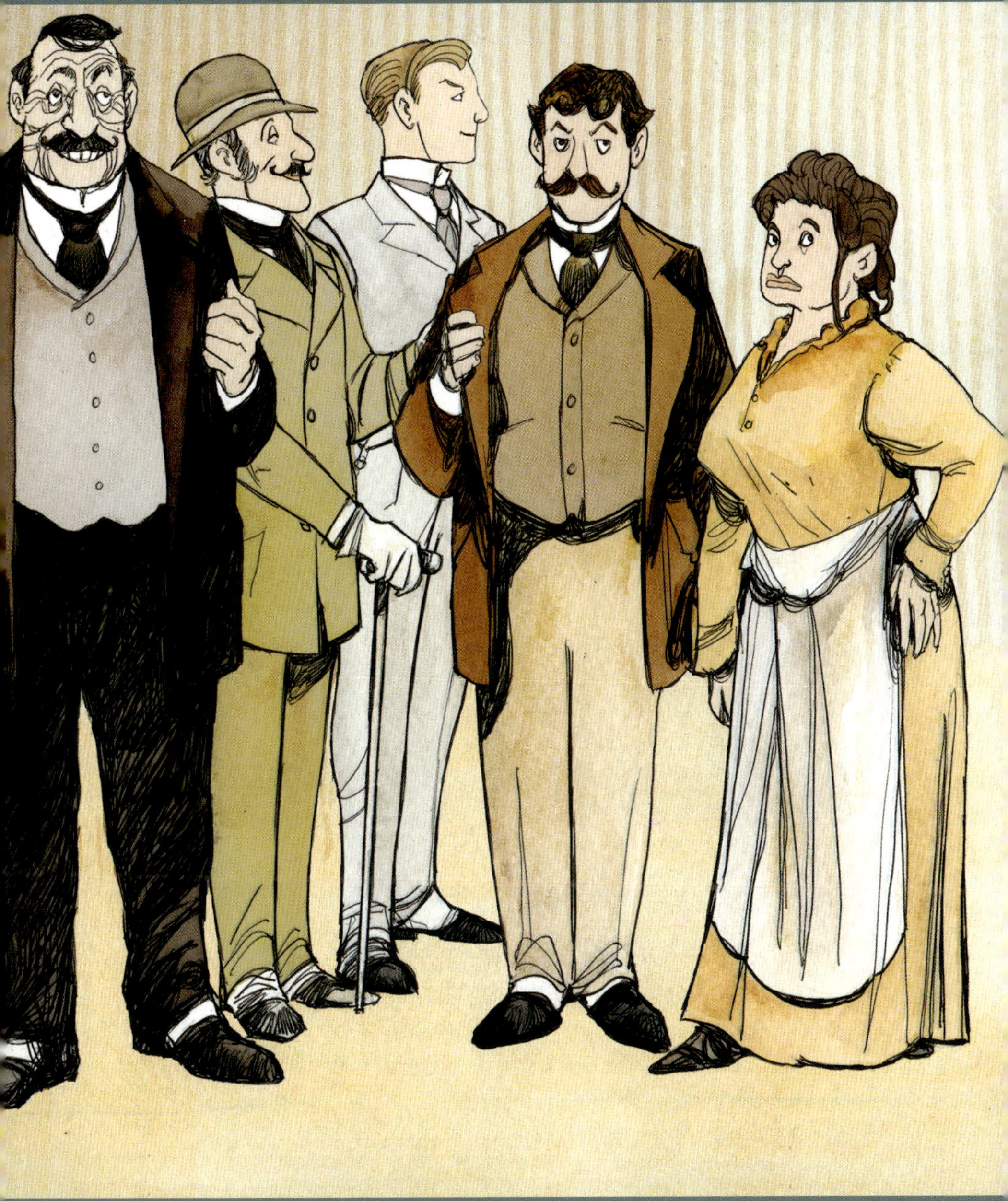

ATTIVITÀ

Prima di leggere

1 Le seguenti parole sono presenti nel capitolo 1. Abbina ogni parola all'immagine corrispondente.

a cassettone
b dado
c scalata
d banconota
e spalla

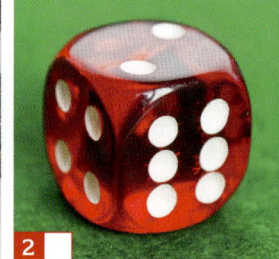

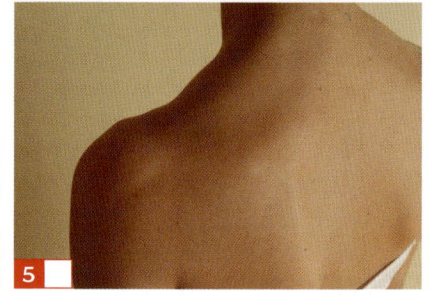

2 Ascolta la prima parte del capitolo 1. Scegli la parola corretta.

1 Il segretario *si affretta / si affanna* a entrare nel portone.
2 La maestra Zibelli *sospira / sorride* due volte guardando il segretario.
3 Il segretario *dimostra / dichiara* di avere cinquant'anni.
4 La maestra Pedani è una ventisettenne *svelta / alta* e sana.
5 La Zibelli pensa che don Celzani sia *innamorato / geloso* di lei.
6 Don Celzani è timido, ma anche vivace e *passionale / razionale*.

10

CAPITOLO **1**

La lettera

T*orino, 1892*

Mancano venti minuti alle nove. A pochi passi dal portone, il segretario scambia qualche parola con il maestro di ginnastica Fassi, poi si affretta ad entrare, sperando di incontrare chi desidera. Sale i primi scalini e, al primo piano, un rumore di passi lo fa trasalire[1]. Sono la maestra Pedani e la maestra Zibelli, che scendono per andare a scuola. Quando per le scale si incontrano, il segretario si ferma, si toglie il cappello e, invece di guardare la Pedani, per la timidezza guarda la sua amica, che risponde con un sorriso amorevole. Pensa infatti di essere lei la causa del turbamento del vicino di casa, il quale non trova di meglio da dire che: "Così presto vanno a scuola?"

1. **lo fa trasalire**: gli dà una forte emozione, lo mette in agitazione.

CAPITOLO 1

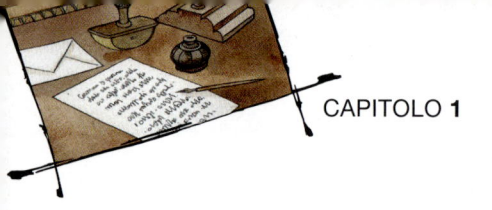

"Non tanto presto..." risponde dolcemente la maestra Zibelli "sono quasi le otto e tre quarti."

"Credevo... le otto e mezza" continua lui.

"I nostri orologi vanno meglio del suo" dice ancora la Zibelli.

"Può darsi. C'è una nebbia stamattina..." chiude il segretario.

"Arrivederla."

"Arrivederla."

Arrivato in cima alle scale, l'uomo fa in tempo a lanciare un'occhiata alle belle e forti spalle della maestra Pedani, proprio nel momento in cui la Zibelli si gira per sorridergli di nuovo. Ma lui è molto abbattuto. Ancora una volta, non ha scambiato neppure una parola con la maestra Pedani.

"Basta..." mormora tra sé salendo le scale "è ora di prendere una decisione, e subito."

Entra in casa pensando che è arrivato il momento di mandare la lettera che da una settimana tiene sul tavolino. Va prima dallo zio, il commendatore Celzani, padrone di casa, per consegnargli l'affitto di un'altra sua proprietà, poi si chiude in camera per leggere ancora una volta quello che ha scritto. Subito dopo prepara la busta ed esce di casa in punta di piedi. All'angolo della strada si ferma davanti alla buca delle lettere, e dopo qualche momento di esitazione vi lascia cadere la sua. Il dado è tratto.

Il segretario Celzani ha poco più di trent'anni, ma ne dimostra cinquanta. Rimasto orfano [2] da ragazzo, è cresciuto con uno zio, parroco [3] di villaggio, che lo ha poi mandato in seminario per farlo diventare prete come lui. Dopo la morte del parroco lo zio Celzani, vedovo e senza figli, lo ha tolto dal seminario e preso a casa sua,

2. **orfano**: senza genitori, a causa della loro morte.
3. **parroco**: sacerdote al quale è affidata dal vescovo una parrocchia (cioè un certo gruppo di fedeli).

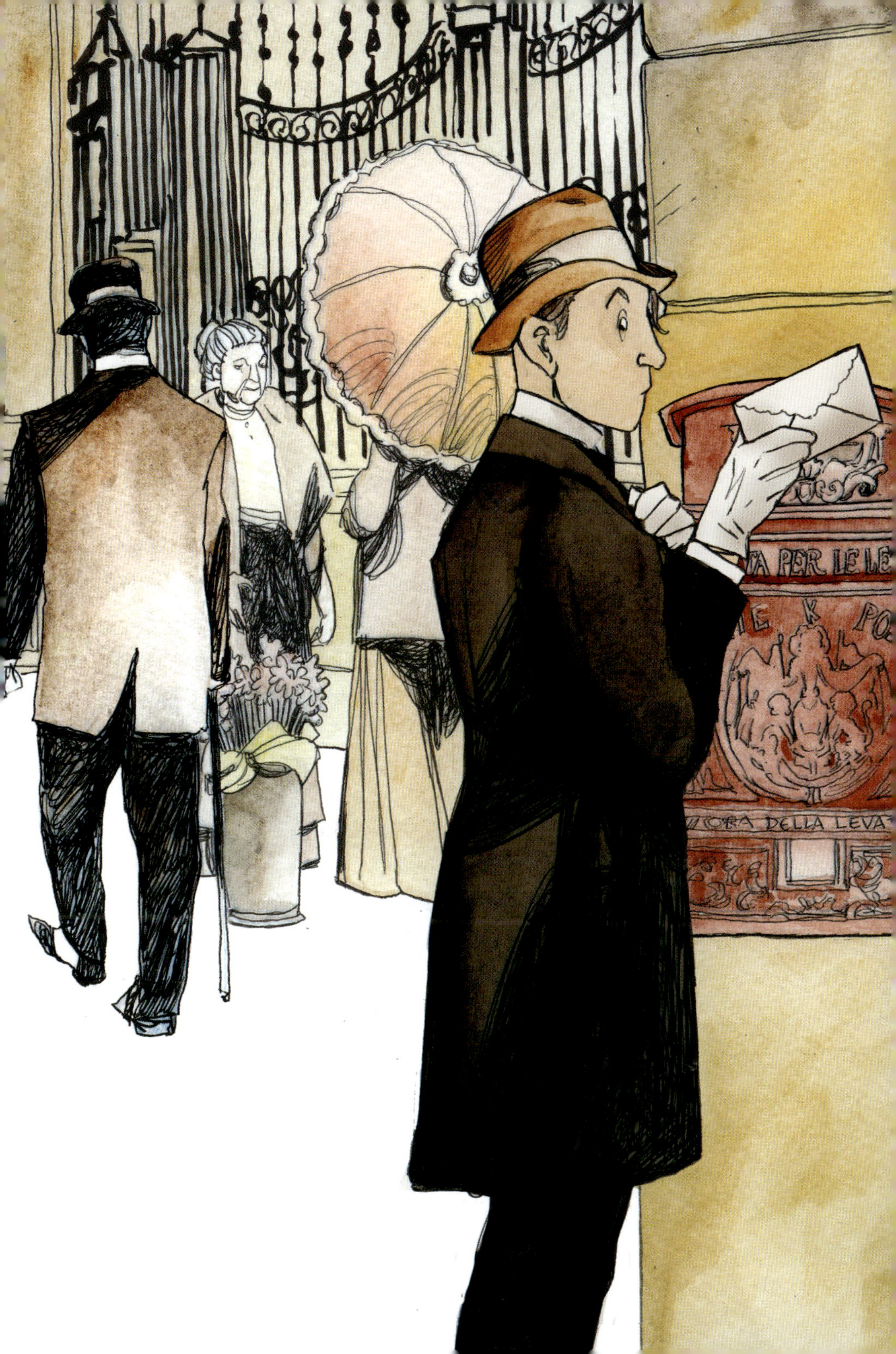
TA PER LE LE
ORA DELLA LEVAT

CAPITOLO 1

per fargli fare da segretario. Gli anni passati in seminario gli hanno lasciato abitudini e comportamenti tipici dei preti, come la profonda antipatia per i baffi e per la barba, il vestirsi sempre di scuro e il tenere le mani incrociate sul petto. Ma non è un bigotto[4] e, anzi, si dichiara patriota e liberale. Nel palazzo tutti gli vogliono bene e, per prenderlo affettuosamente in giro, lo chiamano da sempre "don Celzani". Nessuno può immaginare che dietro quell'uomo così tranquillo si nasconda un carattere vivace e passionale, né che da qualche tempo il segretario sia innamoratissimo della maestra di ginnastica Pedani.

La Pedani abita da tre mesi con la collega Zibelli al terzo piano, di fronte al maestro Fassi. Ha ventisette anni ed è alta e modellata come una statua. La sua persona trasmette un'idea di forza e salute che ha profondamente colpito il segretario. La prima volta che è salito a prendere l'affitto non è riuscito a contare le banconote che lei aveva messo sul cassettone, e da allora la sua passione non ha fatto che aumentare. Fin dal primo momento ha pensato al matrimonio e spera che lo zio commendatore, grande sostenitore della ginnastica e socio fondatore della Palestra di Torino, dia il suo consenso.

La maestra Zibelli ha trentasei anni ed è l'opposto della sua amica: alta, magra, con le spalle strette e un viso grazioso, ma molto piccolo e già appassito[5]. Le due colleghe hanno in comune l'entusiasmo per la ginnastica e sono piuttosto contente di aver deciso di vivere insieme. C'è solo una difficoltà: la maestra Zibelli si innamora continuamente e crede che sia la Pedani a distrarre gli uomini e a impedirle di trovare marito. Tuttavia, in questo periodo, il pensiero che il segretario sia innamorato di lei tiene la Zibelli di buon umore e la aiuta ad andare d'accordo con la collega.

4. **bigotto**: persona che dà importanza solo alla forma e non alla sostanza della religione.
5. **appassito**: non più giovane, come un fiore che non è più fresco.

La lettera

Ma a tutto questo la Pedani non bada. Il suo unico pensiero è la ginnastica, che considera uno strumento indispensabile per la "rigenerazione del mondo". La giovane maestra esegue gli esercizi più difficili con grandissima abilità e ha successo anche come insegnante di teoria. Si sforza di persuadere le madri delle sue alunne dell'importanza dell'esercizio fisico e della validità del suo metodo. Gira da una scuola all'altra, studia, legge tutto ciò che sulla materia viene pubblicato e non si cura degli sguardi degli altri, né delle invidie che la sua bravura fa nascere.

Una sera, lei e la Zibelli stanno cenando quando arriva la portinaia a consegnare la lettera del segretario. La Pedani la fa entrare e le dà alcuni consigli su come correggere un difetto alla schiena della sua bambina. Poi, uscita la portinaia, guarda la busta senza capire da chi possa arrivare. Intanto la Zibelli si alza e si dirige verso la porta con così poca voglia che l'altra le dice:

"Dove vai? Resta pure. Non ho bisogno di stare da sola."

Quindi apre la busta, guarda la firma e comincia a leggere senza cambiare espressione. Solo alla fine sorride appena, mentre l'amica, nonostante la curiosità, evita di fare domande. Poco dopo la Pedani torna nella sua stanza, butta la lettera in un cassetto e si prepara per andare ad una conferenza sulle scalate alpine delle donne. Non appena rimane sola, la Zibelli si infila nella stanza della collega, prende la lettera dal cassetto, guarda la firma e impallidisce. Leggendo la dichiarazione d'amore del segretario, la invade una rabbia così grande che vorrebbe rompere e calpestare tutto, ma si frena e cerca un modo per vendicarsi. Dopo pochi minuti va a raccontare tutto alla moglie del maestro Fassi, che a sua volta è molto gelosa delle attenzioni che il marito dedica alla giovane collega. Alla fine di quella giornata, tutto il palazzo sa che don Celzani ha dichiarato il suo amore alla maestra Pedani.

ATTIVITÀ

Comprensione

1 Indica se le seguenti affermazioni sono vere (V) o false (F).

		V	F
1	Il segretario è un uomo di mezza età.	☐	☐
2	La maestra Zibelli desidera trovare marito.	☐	☐
3	La maestra Pedani è gelosa della sua collega.	☐	☐
4	I vicini chiamano il protagonista "don Celzani" perché somiglia a un prete.	☐	☐
5	Il protagonista ha cominciato a provare qualcosa per la maestra Pedani solo da qualche giorno.	☐	☐
6	Le due maestre hanno in comune la passione per la ginnastica.	☐	☐
7	Il commendatore Celzani è il padre del segretario.	☐	☐
8	La maestra Pedani si dedica alla ginnastica solo a scuola.	☐	☐
9	Il maestro Fassi è in lite con la maestra Pedani.	☐	☐
10	L'amore del segretario per la maestra Pedani è un segreto.	☐	☐

Competenze linguistiche

1 Abbina ogni parola al sinonimo corrispondente.

1. ☐ turbamento
2. ☐ esitazione
3. ☐ abbattuto
4. ☐ indispensabile

a. incertezza
b. demoralizzato, scoraggiato
c. fondamentale
d. agitazione, inquietudine

2 Quale delle seguenti frasi corrisponde al significato dell'espressione "il dado è tratto"? Sai dire a quale personaggio storico è comunemente attribuita questa frase?

a. ☐ Non si può più tornare indietro.
b. ☐ La partita è ormai persa.
c. ☐ Una buona occasione è sfuggita.

La frase è attribuita a ....

3 Scegli l'alternativa corretta.

Il protagonista della storia ha circa trent'anni e (1) .... con lo zio, per il quale lavora come (2) .... , in un (3) .... di Torino. I vicini di casa gli (4) .... bene e lo chiamano affettuosamente 'don Celzani' perché somiglia a un (5) .... Da qualche tempo è (6) .... della maestra di ginnastica Pedani, che abita al piano di sopra con una (7) .... , la maestra Zibelli. Purtroppo, la maestra Pedani pensa (8) .... alla ginnastica e non bada alle (9) .... del segretario. Invece la maestra Zibelli crede che don Celzani la (10) .... e quando lo incontra è sempre molto dolce con lui.

Un giorno il segretario decide di (11) .... alla Pedani una lettera nella quale le dichiara il suo amore. La maestra resta (12) .... , mentre la Zibelli legge (13) .... la lettera e impazzisce per la (14) .... Per vendetta racconta tutto alla (15) .... del maestro Fassi.

1	a	collabora	b	abita	c	comanda
2	a	notaio	b	portiere	c	segretario
3	a	palazzo	b	seminario	c	ufficio
4	a	credono	b	augurano	c	vogliono
5	a	vescovo	b	prete	c	cardinale
6	a	innamorato	b	geloso	c	schiavo
7	a	parente	b	collega	c	estranea
8	a	singolarmente	b	solamente	c	saltuariamente
9	a	considerazioni	b	prodezze	c	attenzioni
10	a	corteggi	b	protegga	c	eviti
11	a	spedire	b	offrire	c	lasciare
12	a	impaziente	b	consapevole	c	indifferente
13	a	di notte	b	di nascosto	c	di traverso
14	a	gelosia	b	nostalgia	c	golosità
15	a	madre	b	moglie	c	figlia

17

Grammatica

Il congiuntivo presente

Il **congiuntivo presente** si usa soprattutto:

- nelle frasi subordinate, dopo i verbi che esprimono opinioni, desideri o sentimenti (*credere, sperare, desiderare, ritenere, temere...*);
- nelle frasi ipotetiche;
- dopo congiunzioni come: *sebbene, nonostante, affinché, nel caso che, senza che, qualora* ecc.

La maestra Zibelli **crede** *che* **sia** *la Pedani a impedirle di trovare marito.*
Don Celzani **spera** *che lo zio* **dia** *il suo consenso al matrimonio.*
Desidero *sapere se tu* **pensi** *di venire con noi oppure no.*
Sebbene cambi *spesso idea, il preside è apprezzato da tutti gli insegnanti.*
Qualora *tu* **decida** *di partecipare alla maratona, sarò ben contento di aiutarti nell'allenamento.*

Ecco le forme del congiuntivo presente dei **verbi regolari**. La prima e la seconda persona plurale sono uguali per tutti i verbi (*-iamo, -iate*).

1ª coniugazione (-*are*)	2ª coniugazione (-*ere*)	3ª coniugazione (-*ire*)
io parl-i	io ved-a	io sent-a
tu parl-i	tu ved-a	tu sent-a
lui/lei parl-i	lui/lei ved-a	lui/lei sent-a
noi parl-iamo	noi ved-iamo	noi sent-iamo
voi parl-iate	voi ved-iate	voi sent-iate
loro parl-ino	loro ved-ano	loro sent-ano

1 Completa le frasi coniugando al congiuntivo presente i verbi tra parentesi.

1. I vicini credono che la maestra Pedani non (*desiderare*) .... sposarsi.
2. Lo zio Celzani spera che suo nipote (*prendere*) .... la decisione migliore per il suo futuro.
3. Non sappiamo se la maestra Zibelli e la maestra Pedani (*dormire*) .... nella stessa stanza.

ATTIVITÀ

4   Nonostante io (*mangiare*) .... pochi dolci, continuo a ingrassare.

5   Ci chiediamo se la maestra Zibelli (*insegnare*) .... con la stessa passione della sua collega.

6   "Spero che voi (*comprendere*) .... quanto è importante la ginnastica!" dice la maestra Pedani.

7   Mi sembra che queste rose (*rischiare*) .... di appassire. Bisogna cambiare l'acqua.

8   I colleghi temono che tu e tuo marito (*decidere*) .... di trasferirvi a Pavia.

9   Voglio che tu (*leggere*) .... *Amore e ginnastica* fino in fondo.

10 Vi ripetiamo queste regole affinché non le (*dimenticare*) ....

11 Carlotta parte domani sebbene non (*sentire*) .... nostalgia di Milano.

12 Qualora i concorrenti (*lasciare*) .... la gara per motivi di salute, saranno rimborsati.

Produzione scritta e orale

1 **Scrivi un biglietto in cui la maestra Zibelli racconta ad un'amica della dichiarazione d'amore del segretario alla Pedani. Usa almeno una volta il congiuntivo presente.**

2 **Racconta ai compagni la trama di un film o di un libro nel quale un uomo innamorato tenta di conquistare una donna. Specifica:**

- il titolo;
- l'autore / il regista;
- l'anno di uscita;
- il luogo e l'epoca in cui è ambientato.

3 **Che cosa succederà nel capitolo 2? Prova a immaginare e racconta.**

Prima di leggere

1 Le seguenti espressioni sono presenti nel capitolo 2. Scegli il significato corretto per ciascuna espressione.

1 *Essere sulle spine* significa
   - a ☐ essere in una situazione sfavorevole.
   - b ☐ avere tanti problemi di salute.
   - c ☐ essere in ansia a causa di una situazione di incertezza.

2 *Prepararsi il terreno* significa
   - a ☐ curare molto bene un giardino.
   - b ☐ cercare di creare le condizioni favorevoli per fare qualcosa.
   - c ☐ cercare l'aiuto di qualcuno prima di affrontare una battaglia.

3 *Fare i propri conti* significa
   - a ☐ prestare molta attenzione al prezzo di ciò che si vuole comprare.
   - b ☐ valutare bene una situazione.
   - c ☐ esercitarsi in aritmetica.

4 *Essere sul libro nero* significa
   - a ☐ avere molti nemici.
   - b ☐ essere senza documenti.
   - c ☐ avere una cattiva reputazione.

5 *Tentare il colpo* significa
   - a ☐ tentare la fortuna.
   - b ☐ fare a botte con qualcuno.
   - c ☐ prendere di sorpresa.

CAPITOLO **2**

I tormenti del segretario

Il segretario è sulle spine: non sa se deve aspettarsi una risposta scritta o se deve chiederla a voce. Dopo due giorni di dubbi decide di farsi coraggio e, sapendo che la domenica la maestra esce da sola per andare in palestra, si mette dietro la porta di casa sua sperando di vederla passare. È agitatissimo e respira con difficoltà. Prima vede passare il vecchio professore Padalocchi, curvo nel cappotto di pelliccia e tormentato dalla tosse. Un momento dopo lo raggiunge la maestra Pedani, che consiglia al professore di fare un po' di ginnastica polmonare. L'occasione per don Celzani è perduta, come accadrà molte altre volte nei giorni successivi.

La sua camera da letto è sotto quella della maestra e ascolta

CAPITOLO 2

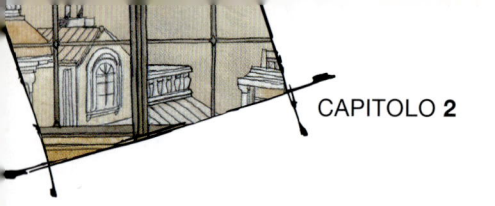

ogni sera i più piccoli movimenti della giovane. Durante una serata particolarmente silenziosa, pensa che sia seduta al tavolino a studiare e, mentre ne immagina la bellezza illuminata dalla grande lampada, maledice il proprio aspetto da prete e la propria timidezza... A un certo punto, gli viene un dubbio che è anche una speranza: forse nella lettera avrebbe dovuto parlare in maniera più chiara di matrimonio! Il cervello gli brucia come una girandola[1] accesa, mentre cammina avanti e indietro per la stanza, parlando da solo. Allora prende la seconda coraggiosa decisione in pochi giorni: la mattina dopo, alle otto e mezza, aspetterà la maestra per chiederle una risposta.

La aspetta infatti e, per sua fortuna, lei scende da sola. Il segretario le va incontro, la saluta e le domanda con voce tremante: "Signorina, non ha nulla da dirmi?".

E lei, tranquilla: "Sì, una cosa sola. Devo ringraziarla dei suoi buoni sentimenti."

"Nient'altro?"

"No, signor segretario. Nient'altro. Arrivederla" risponde, e continua a scendere le scale.

Per il segretario inizia così una serie di giorni tristissimi e difficili. Ha intenzione di riprovare, facendo una esplicita proposta di matrimonio, ma capisce di non poterlo fare subito dopo quella figuraccia. Deve avere pazienza e prepararsi il terreno.

Nel frattempo, la Zibelli gli ha tolto il saluto e il maestro Fassi, incontrandolo per le scale, ora gli rivolge continue battute[2] con riferimenti alla maestra Pedani. Un giorno, commentando i recenti successi della Pedani, dice:

"Che splendida donna! Sarebbe degna di sposare l'uomo più

1. **girandola**:

2. **battute**: frasi scherzose, dette per prendere in giro.

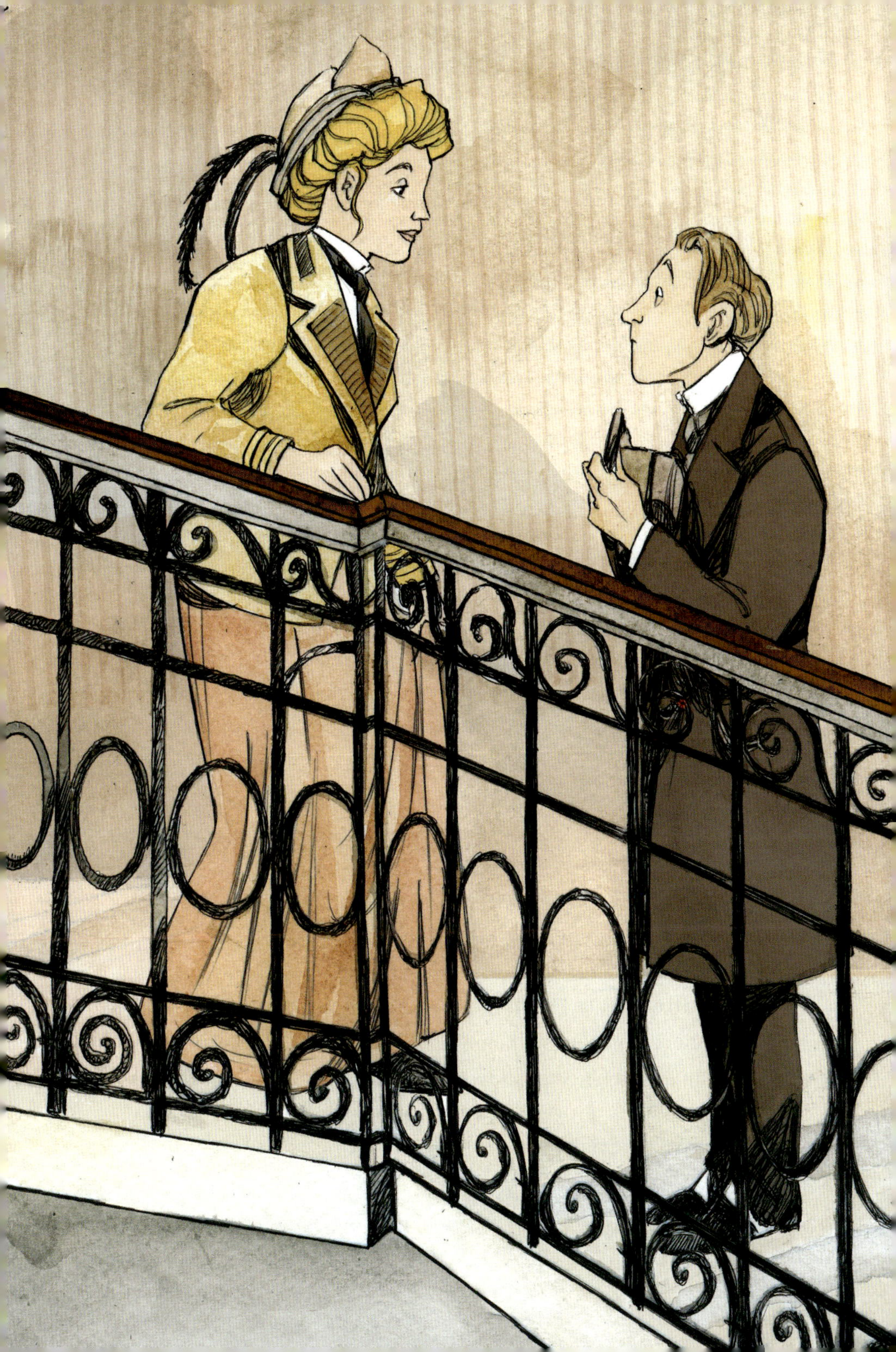

CAPITOLO 2

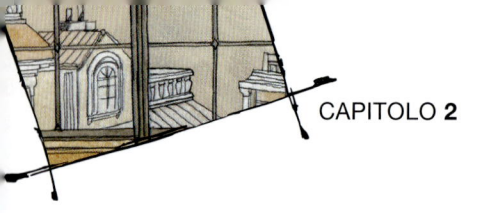

bello d'Italia! Scommetto che lei non regge con le braccia tese i due manubri[3] che quella tiene con una mano sola. Chi la sposerà deve fare bene prima i suoi conti."

Il segretario soffre in silenzio, non per il riferimento alla differenza nelle forze, ma per quello alla straordinaria bellezza di lei. Si sente sconfitto in partenza e teme che il maestro Fassi conosca le sue intenzioni di matrimonio.

Inoltre, si accorge con grande dispiacere che il figlio dell'ingegner Ginoni, che abita al piano di sotto, ha cominciato a corteggiare[4] insistentemente la maestra. Ma sono le cattiverie e i pettegolezzi[5] della moglie del maestro Fassi a farlo soffrire di più.

"Queste maestre giovani — gli dice la donna un giorno, lamentandosi della giovane vicina — che prima di arrivare a Torino hanno girato mezza dozzina di comuni… Si sa che le maestre nei villaggi vanno in cerca di avventure… Non capisco come l'abbiano accettata a Torino! Ma in città la conoscono tutti, ed è sul libro nero."

Poi parla male anche di altri vicini, ma il segretario non sente più nulla. L'idea di un brutto passato di quella ragazza gli dà un'amarezza indescrivibile. Non vuole credere a quelle cattiverie, ma i dubbi lo tormentano, almeno fino a quando non succede nuovamente qualcosa.

Una mattina, incrociandolo per le scale, il maestro Fassi gli dice: "Quella Pedani, che strano tipo! Ho visto dal mio studio che fa esercitare una povera diavola tenendo la finestra spalancata! Ha questa idea fissa: che la ginnastica non si deve fare al chiuso."

3. **manubrio**:

4. **corteggiare**: dimostrare un interesse da innamorato.
5. **pettegolezzi**: chiacchiere, maldicenze.

I tormenti del segretario

Sentendo queste parole, il segretario fa un rapido ragionamento. Se dallo studio del maestro si vede la camera della Pedani, ancora meglio si deve vedere dall'abbaino della soffitta, che si trova sopra la finestra dello studio. Poco dopo, rientra in casa, prende la chiave della soffitta, sale in fretta le scale, apre la porta, si curva sotto le travi basse del tetto e cammina tra mucchi di legna, mobili e cianfrusaglie [6], fino a quando arriva all'abbaino. Si arrampica, si stende sopra una catasta [7] di fascine, sporge il viso nel vuoto e non può trattenere un'esclamazione di felicità. La finestra della maestra è spalancata. La Pedani sta col fianco verso la finestra, di fronte all'alunna, che non si vede. La sua voce arriva chiarissima fino al tetto.

"Ma no — dice — questo non è il mezzo passo semplice saltellato; è il lungo passo saltellato. Riproviamo!"

Anche il secondo tentativo va male e la maestra, spazientita, solleva il gonnellino nero per scoprire il movimento dei piedi.

"Stia attenta" dice, ed esegue.

Il segretario sospira. Vede brillare gli stivaletti bianchi della Pedani di una luce che quasi lo acceca, facendogli girare la testa. Adesso sa con certezza che deve tentare il colpo supremo e fare alla vicina una esplicita domanda di matrimonio.

6. **cianfrusaglie** : cose di poco valore e di vario genere.
7. **catasta** : mucchio, ammasso.

Comprensione

1 Rispondi alle domande.

1. Quale dubbio tormenta il segretario dopo aver spedito la lettera?
2. Che cosa fa ogni sera il segretario stando nella sua camera da letto?
3. Perché a un certo punto pensa di aver fatto un errore nello scrivere la lettera? In che cosa pensa di aver sbagliato?
4. Come si comporta la maestra Pedani quando incontra don Celzani per le scale?
5. Come cambia l'atteggiamento dei vicini nei confronti di don Celzani, in particolare quello della maestra Zibelli e del maestro Fassi?
6. Che cosa fa il figlio dell'ingegner Ginoni?
7. Chi è la vicina più pettegola del palazzo? Perché?
8. Che cosa viene a sapere il segretario dal maestro Fassi? Che cosa decide di fare allora?
9. Che scena osserva don Celzani dal suo abbaino?
10. Quale sarà la sua prossima mossa?

2 Completa le frasi in modo appropriato. Poi rileggi il capitolo e controlla.

1. Il professor Padalocchi porta un .... di ....
2. La Pedani .... il professore per le scale e gli consiglia alcuni esercizi per i polmoni.
3. Don Celzani pensa a quanto è bella la maestra Pedani e .... il suo aspetto da prete e la sua ....
4. La mattina dopo, la maestra Pedani ringrazia il segretario dei suoi ....
5. Dopo l'incontro, il segretario decide di fare un'esplicita .... di matrimonio.
6. Don Celzani è convinto di aver fatto una .... con la maestra.
7. La maestra Zibelli ha .... il saluto a don Celzani.
8. Il maestro Fassi fa .... battute sulla maestra Pedani.

Competenze linguistiche

1 Cerca nel testo un sinonimo delle parole sottolineate.

1. Il medico <u>suggerisce</u> al paziente di non bere più di due caffè al giorno. (p. 21) ....
2. Non è chiaro come ti abbiano <u>accolta</u> nella squadra, visto che non sai giocare. (p. 24) ....
3. Quella povera <u>disgraziata</u> ha perso tutto quello che aveva a causa di un incendio. (p. 24) ....
4. Ieri ho trovato la porta di casa <u>completamente aperta</u> e mi sono preoccupato. (p. 24) ....
5. Marco ha fatto i bagagli <u>di corsa</u> e ha dimenticato a casa il pigiama. (p. 25) ....
6. Ho scoperto un prodotto che fa <u>splendere</u> i vetri. (p. 25) ....

2 Abbina le seguenti parole all'immagine corrispondente.

a gonnellino
b abbaino
c fascine
d stivaletti
e travi
f soffitta

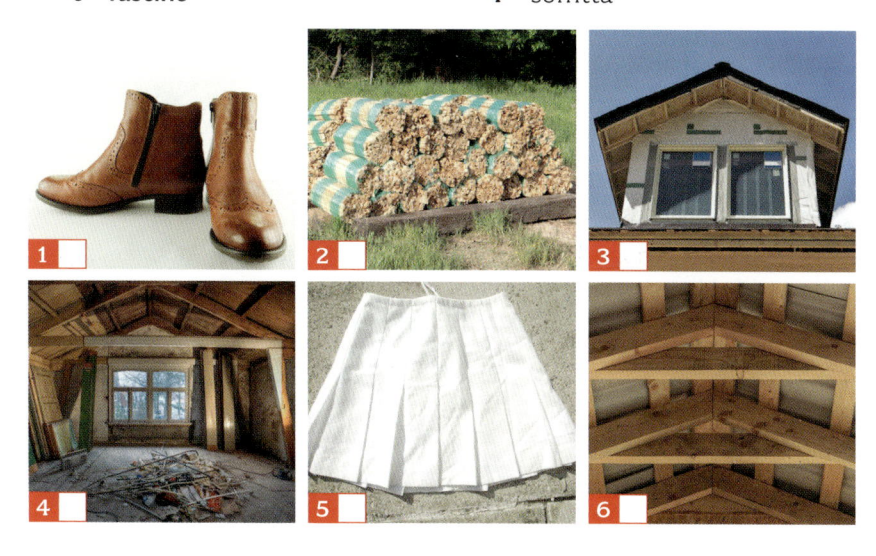

Grammatica

I verbi riflessivi

I **verbi riflessivi** sono sempre accompagnati da un pronome riflessivo (*mi, ti, si, ci, vi, si*) che indica che l'azione ricade sul soggetto stesso che la compie.

(io) **Mi vesto**.   (tu) **Ti prepari**.

Il segretario **si mette** *dietro la porta*.

Hanno la stessa forma anche verbi riflessivi detti **indiretti**, nei quali l'azione ricade in realtà su una cosa esterna, ma porta comunque un beneficio al soggetto che la compie.

Mi lavo *i denti*.   **Ti tagli** *i capelli*.   **Vi mangiate** *un gelato*.

Esistono anche i verbi riflessivi **reciproci**. In questo caso, i pronomi indicano un'azione reciproca, vicendevole, che si scambia tra due soggetti, e non un'azione che il soggetto compie su se stesso.
Il pronome in questo caso significa "tra noi", "tra voi", "tra loro".

Don Celzani e il maestro Fassi **si salutano**. (= non salutano se stessi, ma si salutano tra loro)

Ci aggiorniamo *al più presto!* (= io e te ci aggiorneremo tra noi)

Esiste anche un gruppo di verbi, detti verbi **pronominali**, che si comportano esattamente come i verbi riflessivi, anche se il pronome, in questi casi, non indica che l'azione del soggetto ricade sul soggetto stesso. Tra questi ricordiamo: *arrabbiarsi, annoiarsi, vergognarsi, pentirsi, stupirsi, accorgersi*.

1 Cerca nel capitolo 2 almeno cinque frasi con i verbi riflessivi o pronominali e scrivile di seguito.

1 ....
2 ....
3 ....
4 ....
5 ....

ATTIVITÀ

2 Completa le frasi coniugando al presente indicativo i verbi riflessivi o pronominali dati tra parentesi.

1. Le ragazze (*truccarsi*) .... con cura prima di andare alla festa.
2. Da quanto tempo tu e Giorgio (*conoscersi*) .... ?
3. Siamo molto contenti di questo risultato e (*congratularsi*) .... con voi.
4. Non dirmi che (*vergognarsi*) .... di parlare in pubblico: sei bravissima!
5. Al mattino non (*guardarsi, io*) .... mai allo specchio.
6. Claudio (*credersi*) .... importante, ma potrei fare benissimo a meno di lui!
7. Stefano e Raffaella (*sposarsi*) .... a maggio.
8. Senti, (*prendersi, noi*) .... un caffè?
9. Mia madre in vacanza (*divertirsi*) .... solo se ci sono anche le sue amiche.
10. Dice il proverbio: chi (*lodarsi*) .... si imbroda!

Produzione scritta e orale

1 CELI 2 Immagina che la maestra Pedani scriva una lettera al segretario per rispondere alla sua dichiarazione. Scrivi la lettera e spiega:

- quali sentimenti provi rileggendo le sue parole;
- che programmi hai per il tuo futuro;
- che cosa provi per lui;
- perché hai bisogno di tempo prima di dare una risposta definitiva.

2 Sposta ai giorni nostri la storia che stai leggendo. Immagina di intervistare la maestra Pedani, che è diventata una celebrità dello sport e un'esperta in materia di benessere. Scrivi una serie di domande e poi ponile a una compagna.

Prima di leggere

1 **CELI 2** Ascolta la prima parte del capitolo 3 e indica la risposta corretta.

1 Lo zio Celzani reagisce a quello che gli dice il nipote
   a ☐ con entusiasmo.
   b ☐ con indifferenza.
   c ☐ con prudenza.

2 Il consiglio del commendatore è di
   a ☐ fare subito il grande passo.
   b ☐ informarsi sulla maestra Pedani.
   c ☐ parlare con un amico della maestra.

3 Il cavalier Pruzzi è
   a ☐ un uomo politico importante.
   b ☐ un collega del commendator Celzani.
   c ☐ un superiore della maestra Pedani.

4 Davanti al cavalier Pruzzi il segretario è
   a ☐ confuso e a disagio.
   b ☐ sicuro e sorridente.
   c ☐ pensieroso e dispiaciuto.

5 Il direttore fornisce sulla maestra informazioni
   a ☐ molto rassicuranti.
   b ☐ poco precise.
   c ☐ molto preoccupanti.

6 Dall'incontro con il cavaliere il segretario esce
   a ☐ pienamente soddisfatto.
   b ☐ parzialmente soddisfatto.
   c ☐ per niente soddisfatto.

CAPITOLO **3**

Strategie amorose

Don Celzani sente il dovere di chiedere, per prima cosa, l'approvazione dello zio.
Prepara il suo discorso e la mattina dopo, tenendo le mani strette sul petto, gli si presenta e racconta il suo segreto.

Dopo aver ascoltato tutto, il commendatore si guarda prima le unghie, poi le pantofole ricamate, quindi, fissando negli occhi il nipote, mormora [1] parole che non sono di approvazione ma neppure di rifiuto:

"Devi procedere con cautela. La signorina è simpatica, di bell'aspetto e sembra una persona seria" dice.

1. **mormora** : dice a bassa voce.

31

CAPITOLO 3

Il nipote lo guarda senza sapere cosa dire e il commendatore aggiunge:

"La cosa migliore, prima di fare il grande passo, è chiedere informazioni."

E consiglia di rivolgersi al suo amico cavalier Pruzzi, direttore generale delle scuole municipali e uomo molto discreto [2]. Il segretario accetta e, qualche giorno dopo, si presenta nell'ufficio del direttore.

È una stanza piccola, con una finestra sola. Alle pareti si trovano molti scaffali, su cui si vedono scritti a grandi lettere i nomi di tutte le scuole di Torino. Il direttore ha un viso pieno di rughe, che somiglia ad una maschera di terracotta screpolata [3], ed è curvo sopra un mucchio di carte.

Quando arriva don Celzani, lo accoglie con un sorriso e lo fa sedere. Prende il biglietto da visita dello zio e invita il suo ospite a parlare. Il segretario è imbarazzato e confuso, ma spiega brevemente tutto. Alle sue parole, il cavaliere si passa una mano sul ciuffetto della parrucca e dice:

"La cosa è delicata, molto delicata... Bisogna andare con i piedi di piombo. Come si chiama la maestra e a quale sezione appartiene?"

Sempre più a disagio, don Celzani dà tutte le informazioni necessarie, mentre il direttore, con le mani sugli occhi, si immerge nella meditazione, come per cercare di collegare quel nome a una persona precisa.

"Eh, diamine!" [4] esclama ad un tratto, scoprendo il viso, il direttore. Poi si gratta la punta del naso e aggiunge:

"Mi rallegro..."

2. **discreto**: riservato, capace di tenere per sé informazioni delicate e personali.
3. **screpolata**: piena di crepe; il contrario di "liscia e uniforme".
4. **diamine**: espressione di meraviglia, impazienza o disapprovazione.

32

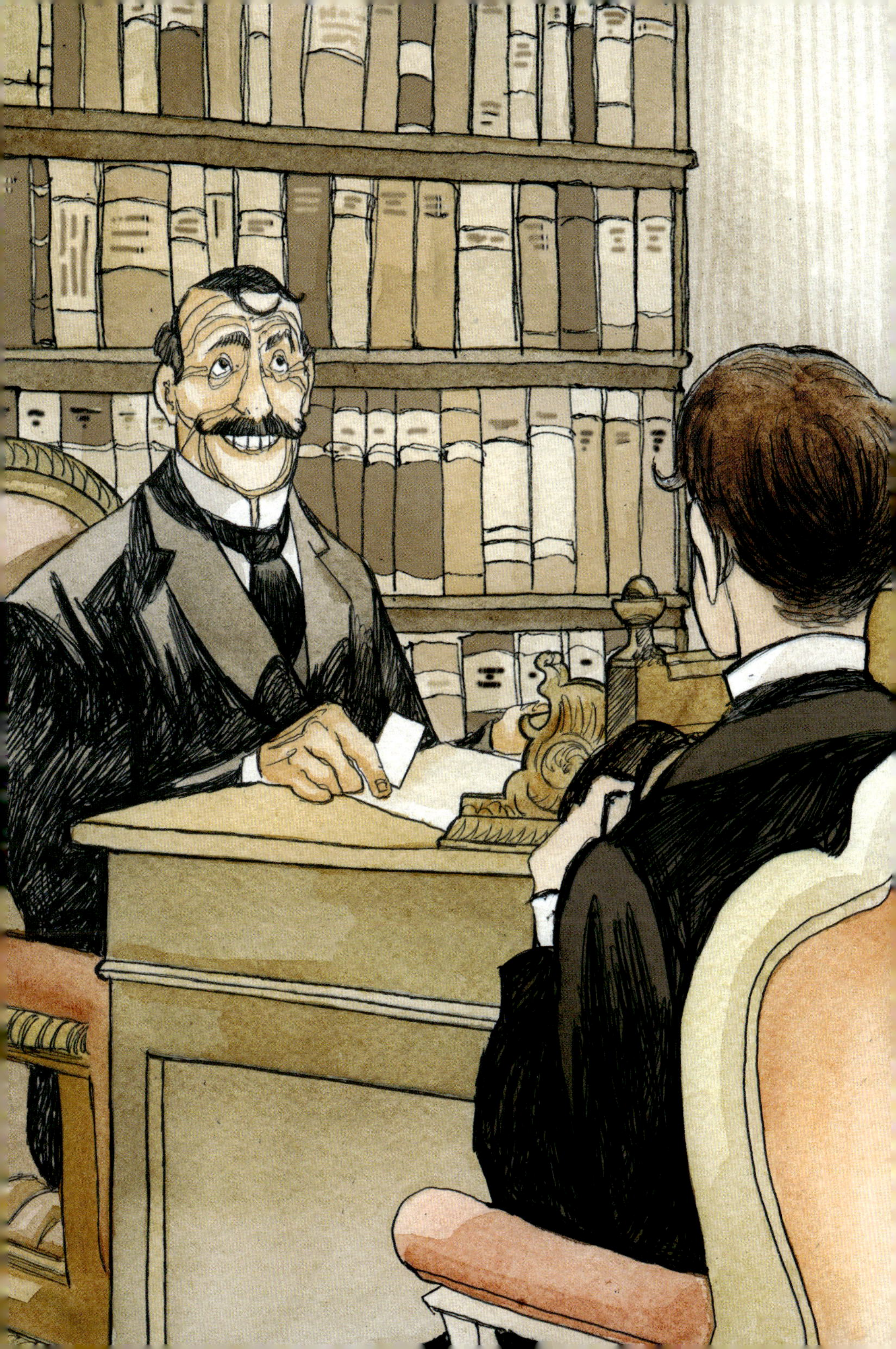

CAPITOLO 3

Don Celzani è sempre più impaziente, ma il cavaliere prende tempo.

"Dunque, lei vorrebbe delle informazioni..." dice. "Non è così facile, mi creda. Pensi, con cinquecento insegnanti, come si fa a sapere? Abbiamo un inverno veramente disgraziato, poi, con moltissime assenze e problemi di ogni genere..."

Il segretario cerca di portare il direttore su ciò che lo interessa.

"Signor cavaliere," mormora "le informazioni..."

"Certo, certo" prosegue l'altro, "vengo alle informazioni. Ma, lei capisce, ho tante responsabilità sulle spalle io, e questo è un affare veramente delicato..."

Con un sospiro, appoggia la testa alla spalliera della grande poltrona e in quel momento al segretario viene un dubbio. Forse il cavaliere non vuole parlare per non essere costretto a raccontargli qualcosa di veramente grave, qualcosa di terribile. Si alza in piedi, agitato, ed esclama:

"Insomma, mi dica. Quali informazioni può darmi sulla maestra Pedani? Gliele chiedo chiare e precise, anche in nome di mio zio!"

Ma non serve. Il direttore rimane sul vago [5], dicendo soltanto che si tratta di una brava maestra e consigliando al segretario di cercare piuttosto informazioni sulla famiglia.

Don Celzani torna a casa sconsolato [6]. L'incontro quasi inutile con il direttore non lo aiuterà ad ottenere il consenso dello zio alle nozze. Per le scale incontra l'ingegner Ginoni che, vedendolo così abbattuto, prova per lui una certa compassione e gli fa una proposta:

"Senta... vuole che metta una buona parola per lei? Cosa ne dice? Posso provare a scrutare [7] il cuore della maestra..."

5. **rimane sul vago**: non dice niente di preciso.
6. **sconsolato**: abbattuto, triste.
7. **scrutare**: guardare con attenzione, investigare per cercare di capire.

Strategie amorose

"Scruti, scruti..." risponde tristemente il segretario.

L'ingegnere non è soltanto curioso di sapere come andrà a finire tra don Celzani e la maestra; gli interessa anche mettere un ostacolo tra la donna e suo figlio.

La mattina dopo, uscendo di casa, incontra la Pedani, che sul pianerottolo sta consigliando alla cameriera alcuni esercizi per combattere i geloni [8]. Appena la cameriera rientra, l'ingegnere scherza come sempre, salutando la maestra con la frase: "Abbasso la ginnastica!"

"Abbasso chi ama le malattie!" risponde lei, ridendo.

Si avviano insieme per le scale.

"Ma come fa lei" sussurra Ginoni "a restare così tranquilla sapendo che ci sono dei disgraziati che soffrono le pene dell'inferno per causa sua?"

"Chi gliel'ha detto?" domanda la maestra, sorpresa.

"La persona che glielo ha scritto."

"Allora parliamo d'altro."

"Come! Nemmeno ne può sentire parlare?" chiede l'ingegnere. "Neppure un po' di pietà per un uomo innamorato? Dunque è questo l'effetto che fa la ginnastica sui cuori?" continua.

Ma la maestra spiega che no, lei non ha il cuore di pietra. Il suo cuore è occupato soltanto dalla passione alla quale ha deciso di dedicare tutta la sua vita. E aggiunge con semplicità: "Quello che sposerà me, farà della gran ginnastica."

L'ingegnere ride sotto i baffi.

---

8. **gelone**: malattia della pelle causata dal freddo umido.

Comprensione

1 **CELI 2** Collega l'inizio e la fine delle seguenti frasi riferite al capitolo 3.

1. ☐ Il direttore ha un viso
2. ☐ Lo zio del segretario pensa che
3. ☐ La maestra Pedani spera che
4. ☐ L'ingegner Ginoni vuole
5. ☐ Il cavalier Pruzzi si lamenta
6. ☐ Don Celzani ha paura che
7. ☐ Il segretario decide di
8. ☐ La maestra Pedani e l'ingegner Ginoni

a. confessare allo zio i suoi sentimenti per la maestra Pedani e chiedere la sua approvazione.
b. chi la sposerà sia un uomo che fa molta ginnastica.
c. aiutare il segretario a conquistare la maestra Pedani.
d. dell'anno scolastico pieno di problemi che sta affrontando.
e. scuro e pieno di rughe.
f. scambiano alcune battute per le scale.
g. il cavalier Pruzzi gli nasconda qualcosa di negativo sulla maestra Pedani.
h. la maestra sia simpatica e seria.

2 Ascolta le frasi e indica per ciascuna quale personaggio, secondo te, potrebbe pronunciarla.

1. ....
2. ....
3. ....
4. ....
5. ....
6. ....
7. ....
8. ....

Competenze linguistiche

1 Scegli il significato corretto per ciascuna espressione.

1. *Fare il grande passo* significa
   - a ☐ fare una scelta importante.
   - b ☐ scegliere la strada più difficile.
   - c ☐ accettare una scommessa.

2. *Andare con i piedi di piombo* significa
   - a ☐ camminare con fatica.
   - b ☐ agire con prudenza e attenzione.
   - c ☐ trattare senza rispetto gli altri, calpestarli.

3. *Mettere una buona parola* significa
   - a ☐ cercare di mettere pace tra due persone.
   - b ☐ parlare dimostrandosi generosi e disponibili.
   - c ☐ parlare con qualcuno in favore di un'altra persona.

4. *Soffrire le pene dell'inferno* significa
   - a ☐ subire una condanna molto pesante.
   - b ☐ avere un caldo terribile.
   - c ☐ stare molto male.

5. *Avere il cuore di pietra* significa
   - a ☐ pensare solo al lavoro.
   - b ☐ non provare alcun sentimento.
   - c ☐ avere una grave malattia.

6. *Ridere sotto i baffi* significa
   - a ☐ ridere tra sé, senza mostrarlo.
   - b ☐ ridere per una battuta tra uomini.
   - c ☐ divertirsi in modo inaspettato.

ATTIVITÀ

2 Abbina le immagini alle parole corrispondenti.

a maschera
b terracotta
c parrucca
d gomito
e pantofole
f scaffale

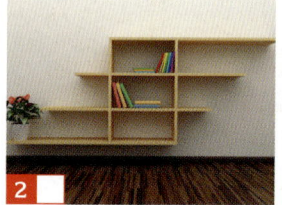

Produzione scritta e orale

1 Sei il proprietario/la proprietaria di un famoso ristorante. Il tuo aiuto cuoco è costretto a trasferirsi in un'altra città e ti chiede di scrivere una lettera di referenze che lo aiuti a trovare lavoro in un altro ristorante. Scrivi la lettera specificando:

- da quanto tempo dura il rapporto di lavoro;
- quali abilità e competenze particolari ha l'aiuto cuoco;
- se rispetta gli orari di lavoro;
- se va d'accordo con i colleghi e se gode della loro fiducia;
- qual è la tua opinione generale dell'esperienza professionale che hai fatto con questa persona.

2 Stai cercando informazioni su una ragazza che vorrebbe lavorare come baby-sitter a casa tua e che ti ha fornito il nome del suo precedente datore di lavoro. Scrivi le domande che faresti a questa persona per chiedere referenze sulla ragazza. Poi prova a farle a un compagno.

Torino, un tesoro di *storia e cultura*

Torino è una delle città più importanti d'Italia, sia sul piano storico-culturale sia su quello economico e produttivo.
Per secoli è stata sede dei Savoia [1], che nel 1404 vi fondano l'università. Nel 1563 prende il posto di Chambéry come capitale del ducato di Savoia, mentre dal 1861 al 1865 è la prima capitale del Regno d'Italia.
Nel 1899 nasce a Torino la FIAT, che diventerà una tra le case produttrici di automobili più importanti del XX secolo e attirerà, negli anni del cosiddetto boom economico (1950-1970), centinaia di migliaia di immigrati dalle regioni meridionali d'Italia.
Dal 1988 ospita il Salone Internazionale del Libro e nel 2006 è stata sede dei XX Giochi Olimpici invernali.

1. **Savoia**: dinastia attestata in Borgogna a partire dalla fine del X secolo.

Palazzo Reale

Il centro storico e i suoi palazzi

Il centro storico di Torino è caratterizzato da portici e piazze molto eleganti, tra le quali la più importante è Piazza Castello, il "salotto barocco" della città. Vi si trovano Palazzo Reale, Palazzo Madama, il teatro Regio e altri notevoli edifici storici.

Palazzo Reale

La sua costruzione inizia nello stesso anno in cui viene progettata Piazza Castello (1584) ed è affidata da Carlo Emanuele I allo stesso architetto, Ascanio Vittozzi. Nel corso dei secoli l'edificio subisce diversi interventi di sistemazione e di ampliamento, che rispecchiano la progressiva crescita del potere dei Savoia e i gusti dei re che si sono succeduti. Meritano di essere ricordati almeno i Giardini Reali, progettati da André le Nôtre, al quale Luigi XIV fa progettare il parco della Reggia di Versailles.

Palazzo Carignano

La sua costruzione inizia nel 1679 per volontà di Emanuele Filiberto di Savoia-Carignano ed è affidata al celebre architetto Guarino Guarini.
Palazzo Carignano è un luogo simbolo della storia dei Savoia e del Risorgimento Italiano: oltre ad aver dato i natali a Carlo Alberto e Vittorio Emanuele II, è stato sede del Parlamento subalpino e del primo Parlamento Italiano.
Oggi il palazzo ospita il Museo Nazionale del Risorgimento Italiano e, al pianterreno, la Soprintendenza per i Beni Storici, Artistici ed Etnoantropologici del Piemonte.
Dal 1997, come tutte le residenze sabaude [2], è tutelato dall'UNESCO, che lo ha inserito fra i beni considerati "Patrimonio dell'Umanità".

La Mole Antonelliana

Il simbolo della città è la Mole Antonelliana, che prende il nome dal suo architetto, Alessandro Antonelli, e viene costruita tra il 1863 e il 1889.
All'epoca era l'edificio in muratura più alto d'Europa (167,5 m).
Attraverso un moderno ascensore panoramico che si trova al suo interno è possibile salire fino al "tempietto" per godere di uno straordinario panorama sulla città e sulle Alpi.
La Mole nasce come sinagoga ma cambia più volte destinazione e uso nel corso del tempo fino a che, nel 2000, diventa sede permanente del Museo Nazionale del Cinema.

2. **sabaude** : dei Savoia.

Il Museo Egizio

Nel 1824 il re Carlo Felice acquista le migliaia di antichità egizie che il piemontese Bernardino Drovetti ha collezionato durante la sua permanenza in Egitto al seguito di Napoleone. Il re unisce a questi reperti una serie di antichità di Casa Savoia e fonda il Museo delle Antichità Egizie, ovvero il primo museo egizio d'Europa. Si tratta del più importante museo di questo genere al mondo dopo quello del Cairo, per la ricchezza di pezzi e oggetti d'arte, tra i quali mummie, papiri, sarcofagi, stele, bronzi, amuleti e oggetti d'uso quotidiano e funerario.

La Basilica di Superga

Nel 1706, durante l'assedio di Torino ad opera dell'esercito franco-spagnolo, il duca Vittorio Amedeo II di Savoia sale sulla collina di Superga per osservare l'avanzata delle truppe nemiche. In quell'occasione promette che, in caso di vittoria dei Piemontesi, farà costruire in segno di ringraziamento una grandiosa chiesa dedicata alla Madonna. La basilica viene costruita per rispettare questo voto e la sua progettazione è affidata al grande architetto Filippo Juvarra, che la realizza tra il 1717 e il 1731.

È considerata il pantheon di Casa Savoia: nei suoi sotterranei si trovano infatti le tombe di molti membri della dinastia.

Comprensione

1 **Rispondi alle seguenti domande.**

1. In che modo Torino è legata alla Francia?
2. Che cos'è la FIAT e che importanza ha per la storia di Torino e dell'Italia?
3. Quali architetti hanno contribuito all'edificazione di alcuni tra i principali palazzi storici di Torino?
4. Qual è il simbolo di Torino? Cosa si trova al suo interno?
5. Quando e come nasce il Museo Egizio e quanto è importante?
6. Dove si trova il pantheon di Casa Savoia?

ATTIVITÀ

Prima di leggere

1 Le seguenti espressioni sono usate nel capitolo 4. Abbinale alla definizione corretta.

1. ☐ fare colpo
2. ☐ tirare dritto
3. ☐ battere il ferro finché è caldo
4. ☐ chiedere la mano
5. ☐ essere ai piedi di qualcuno

a. approfittare delle circostanze finché sono favorevoli
b. andare per la propria strada senza curarsi degli altri
c. proporre di sposare
d. essere sottomessi e ubbidienti
e. fare un'impressione molto positiva

2 Che cos'è un velocipede? Scegli fra una di queste immagini.

3 Guarda l'immagine a pagina 49 e rispondi alle domande.

1. Chi sono i personaggi rappresentati?
2. Dove si trovano, secondo te?
3. Cosa stanno facendo?
4. Con quale aggettivo descriveresti la scena?

CAPITOLO **4**

La proposta

Don Celzani, nonostante l'amarezza che prova quando l'ingegner Ginoni gli racconta del suo ultimo incontro con la Pedani, continua ad amarla con tutte le sue forze e cerca ogni occasione per incontrarla, per salutarla, per parlarle... Lei non cambia atteggiamento: gli risponde con cortesia, ma finge di non accorgersi che il segretario per lei si apposta[1] dietro la porta, dietro le colonne, agli angoli dei muri e in portineria e che, anche dopo averla salutata, rimane fermo per un bel pezzo a contemplarla.

Intanto, la fama della Pedani cresce. Pubblica articoli, tiene conferenze ed è sempre più apprezzata. Il maestro Fassi ne è ora

1. **si apposta**: si nasconde, stando in attesa.

CAPITOLO 4

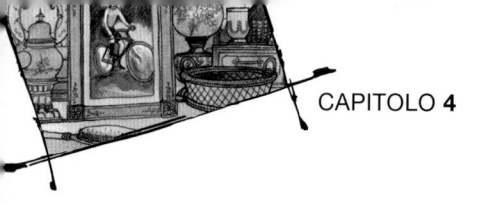

molto invidioso e non perde occasione per parlare male di lei con don Celzani, che invece è sempre più convinto della sua onestà e delle sue qualità.

In queste circostanze, ancora una volta l'ingegner Ginoni cerca di venire in aiuto del povero segretario con un'idea.

"Caro segretario" gli dice un giorno "lei deve fare una cosa. Nelle vetrine del Berry c'è un ritratto del barone Maignolt, un velocipedista famoso, molto ammirato dalla maestra Pedani."

Il segretario non capisce, ma il Ginoni continua:

"Le consiglio di andare a prendere il ritratto e di regalarlo alla maestra. Vedrà che farà colpo! Che ne dice?"

Don Celzani non dice né sì né no, ma la sera ha già comprato il ritratto e lo ha affidato alla cameriera delle due maestre. La mattina dopo, incontra per le scale le due vicine. La Zibelli, vedendolo, tira dritto senza salutare. La Pedani invece si ferma e, con un bel sorriso, gli dice:

"Ah, signor segretario! Non so come ringraziarla... Ma come ha fatto a indovinare il mio desiderio?"

Il segretario gongola[2], anche perché la maestra allontanandosi aggiunge:

"Non so come ricambiare. Mi dica se posso fare qualcosa per lei. Qualsiasi cosa."

Don Celzani è senza parole, ma si sente per la prima volta felice. Pensa di aver fatto un passo avanti molto importante e decide che è giunto il momento di fare la sua proposta di matrimonio. Zio o non zio, informazioni o non informazioni, deve battere il ferro finché è caldo.

Il giorno dopo è solo in casa e, seduto alla scrivania del

2. **gongola**: è contento e soddisfatto.

La proposta

commendatore, cerca le parole giuste, ma non ci riesce. Scrive, cancella, scrive di nuovo, strappa il foglio, ricomincia da capo... Sa che da un momento all'altro arriverà la Zibelli a portare l'affitto — cosa che è da sempre compito suo — e riesce nell'attesa solo ad essere soddisfatto della prima frase: "Signorina, sto per fare un passo decisivo nella vita di un uomo..."

Le sta scrivendo, quando suona il campanello.

"Ecco la Zibelli" pensa, e fa un'espressione seria per prepararsi a riceverla. Sa che non sarà una cosa lunga, visto che la maestra è ancora offesa con lui e non lo saluta nemmeno. Ma ecco che la vecchia serva si affaccia alla porta e dice:

"Signor segretario, c'è la maestra Pedani per l'affitto."

Don Celzani salta in piedi, con il viso rosso come il fuoco. Non riesce a rispondere, non riesce a fare un gesto. Vede cambiare la luce nella stanza, gli pare che i mobili si spostino e gli oggetti cambino forma... è in piena confusione. Quando entra la Pedani riesce solo a balbettare un: "S'accomodi, s'accomodi", indicando una sedia. Intanto la maestra gli dà la busta e lui, cercando di calmarsi, per prendere tempo inizia a contare una dopo l'altra le banconote. Poi dice, in un sussurro: "Va bene" e prende un foglio di carta bollata[3] per scrivere la ricevuta. Per l'emozione, però, invece di scrivere le parole giuste scrive: "Signorina, sto per fare un passo decisivo nella vita di un uomo..."

Se ne accorge, arrossisce, prende un altro foglio, ricomincia a scrivere, con la mano tremante e la testa che gira. Gli sfuggono le parole, il sudore gli bagna la fronte. La maestra intanto lo guarda, tranquilla e seria. Il segretario piega il foglio e, prima di darlo alla

---

3. **foglio di carta bollata** : foglio sul quale si trova un bollo dello stato, cioè un'etichetta che si utilizza per i documenti legali.

CAPITOLO 4

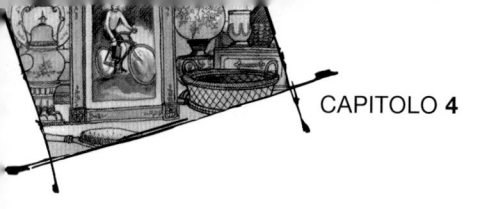

Pedani, ha un momento improvviso di coraggio e si lascia scappare queste parole:

"Signorina, ho una cosa da dirle! Mi permetta. Mi perdoni. So che questo non è il luogo, ma non è più vita la mia. Anche se non l'ho scritto, io chiedo la sua mano! Lo zio è d'accordo. La prego, una sola parola! Pronunci la sentenza."

Dopodiché, guarda la maestra con aria terrorizzata. Lei, fissando un quadro e con voce molto naturale, risponde:

"Caro segretario, la ringrazio e mi sento onorata. Ma io non ho la vocazione per il matrimonio. Ho bisogno di essere libera, ho deciso di essere libera. Mi dispiace, la ringrazio: ecco tutto. Favorisca[4] la ricevuta."

A quelle parole don Celzani si butta ai suoi piedi, disperato: "Non mi dica di no! Lei non mi conosce! Lei non sa! Io non sarei un padrone: sarei il suo servitore, sarei ai suoi piedi, felice. Abbia misericordia di un galantuomo[5]!"

Lei, meravigliata da tanta passione, lo guarda un momento e, con una leggera espressione di dispiacere sul viso e un tono il più possibile amichevole, risponde:

"Basta così, signor Celzani. Troverà un'altra che corrisponderà al suo affetto come merita. Io non sarei una buona moglie. Cerchi di capire... e mi dia il foglio."

---

4. **favorisca**: mi dia per favore.
5. **galantuomo**: persona per bene, onesta e leale.

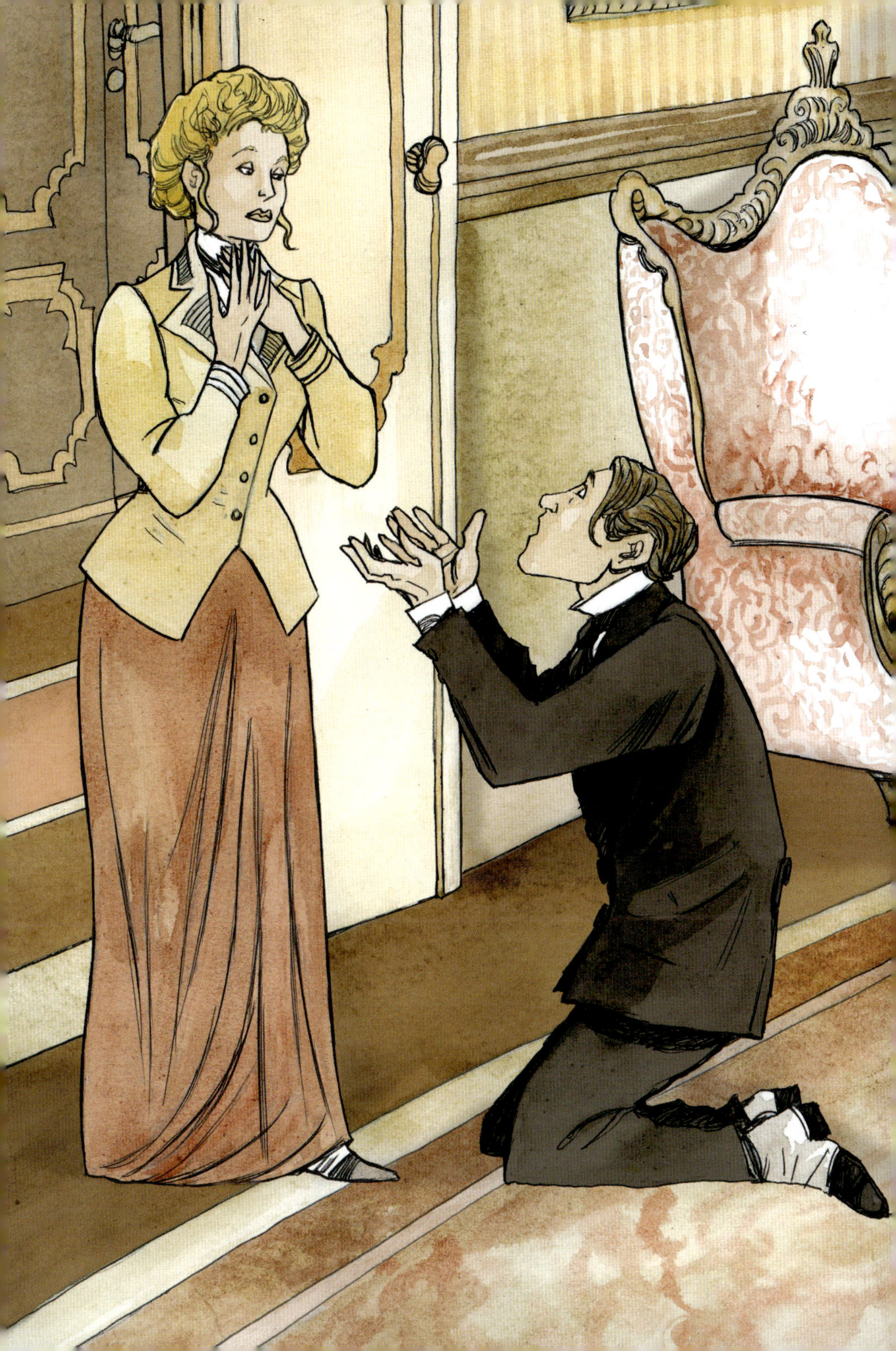

Comprensione

1 Rispondi alle domande.

1. Come si comporta il segretario dopo l'ultimo rifiuto da parte della maestra Pedani?
2. Qual è ora l'atteggiamento della maestra?
3. Che cosa consiglia l'ingegner Ginoni per cercare di aiutare don Celzani?
4. Che cosa succede il giorno dopo l'arrivo del ritratto a casa delle maestre?
5. Che cosa decide di fare don Celzani? Perché?
6. Come vuole dichiarare le sue intenzioni?
7. Chi sta aspettando il segretario mentre scrive la lettera? Chi arriva al suo posto?
8. Come reagisce all'arrivo della maestra?
9. Come si comporta la Pedani dopo la dichiarazione?
10. Che cosa dice alla fine don Celzani per cercare di convincerla?

Grammatica

Gli avverbi

Gli **avverbi** sono parole invariabili che modificano o precisano il significato di aggettivi, verbi o intere frasi. Ecco le principali categorie:

- **di modo**: precisano **come** un'azione viene svolta (*bene, male, facilmente, faticosamente, in fretta*, ecc.)

  Carla parla **bene** francese e russo.

  Ho fatto i compiti in **fretta** e **male**.

- **di luogo**: precisano **dove** accade un'azione o dove si trova qualcuno (*qua, là, ovunque, sopra, sotto, dentro, fuori, laggiù, nelle vicinanze*, ecc.)

  Quelle navi **laggiù** arrivano dal Giappone.

ATTIVITÀ

- **di tempo**: precisano **quando** accade un'azione (*adesso, mai, ieri, oggi, a volte, sempre, spesso*, ecc.)

  *I nostri cugini di Arezzo vengono **spesso** a trovarci.*

- **di quantità**: esprimono informazioni che riguardano **la misura di una grandezza**, della quale non offrono un'indicazione precisa (*troppo, poco, di più, di meno, assai, molto, abbastanza, alquanto*, ecc.)

  *Questa canzone è **abbastanza** famosa all'estero.*

Esistono anche gli **avverbi interrogativi**, che introducono una domanda (*Dove? Come? Quando? Quanto? Perché?*) e gli **avverbi di valutazione**, che esprimono un dubbio o un'opinione (*forse, certamente, probabilmente, di sicuro, magari…*).

2 Trova almeno dieci avverbi nel capitolo 4 e scrivili di seguito, specificando a quale categoria appartengono.

1 ....   6 ....
2 ....   7 ....
3 ....   8 ....
4 ....   9 ....
5 ....   10 ....

Competenze linguistiche

1 Abbina le seguenti parole al sinonimo giusto.

1	☐	amarezza	a	predisposizione
2	☐	cortesia	b	gentilezza
3	☐	fama	c	pietà
4	☐	apprezzare	d	stimare
5	☐	decisivo	e	consentire
6	☐	permettere	f	notorietà
7	☐	vocazione	g	cruciale
8	☐	misericordia	h	dispiacere

ATTIVITÀ

2 Risolvi il cruciverba. Tutte le parole che corrispondono alle definizioni compaiono nel capitolo 4.

Orizzontali

1 Serve per contenere lettere e documenti.
2 Formano l'arredamento di una casa.
3 Situazione, evenienza.

Verticali

4 Domestica, donna di servizio.
5 Di solito si nomina insieme alle fiamme…
6 Avere difficoltà nel pronunciare correttamente le sillabe.
7 Camminando, se ne fa uno dopo l'altro.

Produzione scritta e orale

1 Discuti con un compagno.

- La proposta di matrimonio del segretario avrebbe senso ai giorni nostri? In che modo secondo te potrebbe influenzare la risposta di una donna di oggi rispetto ad una "semplice" dichiarazione d'amore?
- Quanto è importante sposarsi nella società di oggi? E per te, quanto conta o conterebbe?
- Rifletti sul fatto che la vicenda è ambientata alla fine del 1800. Come giudichi l'atteggiamento della maestra Pedani rispetto alle insistenze del segretario? Con quali aggettivi descriveresti questa donna?

ATTIVITÀ

2 Immagina che *Amore e ginnastica* si svolga ai giorni nostri. La timidezza del segretario gli impedisce di fare di persona la proposta di matrimonio. Mettiti nei suoi panni e scegli un mezzo tra quelli offerti dalla recente tecnologia (email, sms, social network) per chiedere la mano della maestra.

Prima di leggere

1 Ascolta la prima parte del capitolo 5 e indica se le seguenti affermazioni sono vere (V) o false (F).

		V	F
1	Dopo l'ultimo rifiuto da parte della Pedani, il segretario si trasforma per sempre.	☐	☐
2	Per la prima volta il segretario frequenta amici della sua età.	☐	☐
3	I vicini notano che il segretario indossa una cravatta celeste.	☐	☐
4	Dopo qualche tempo don Celzani e la maestra Zibelli diventano amici.	☐	☐
5	La maestra Pedani è contenta di ricevere dal segretario una rivista nella quale si parla di ginnastica.	☐	☐

2 Abbina le seguenti espressioni al significato corrispondente.

1 *Andare a rotoli* significa
 a ☐ fallire, andare male.
 b ☐ complicarsi, diventare difficile.
 c ☐ essere rinviato.

2 *Perdere la testa* significa
 a ☐ essere distratto.
 b ☐ innamorarsi follemente.
 c ☐ perdere la memoria.

3 *Avere un asso nella manica* significa
 a ☐ essere falso e disonesto.
 b ☐ nascondere una risorsa, un aiuto.
 c ☐ essere infastidito da qualcosa.

CAPITOLO **5**

Tutto va a rotoli

Dopo quel giorno don Celzani si trasforma. Non aspetta più la maestra per le scale, comincia a fumare il sigaro, frequenta il vicino caffè Monviso e il teatro Alfieri, cammina in modo più disinvolto e si dedica al lavoro con un impegno ancora maggiore di prima. La cosa più strana è che decide persino di cambiare la sua eterna cravatta nera con un cravattino celeste, che gli dà un'aria addirittura baldanzosa [1]. Tutti i vicini notano questa trasformazione. Ora lo incontrano per le scale in compagnia di amici della sua età, che prima non frequentava, lo sentono canticchiare e parlare ad alta voce... Insomma, non lo riconoscono più.

1. **baldanzosa** : che dimostra fiducia in sé.

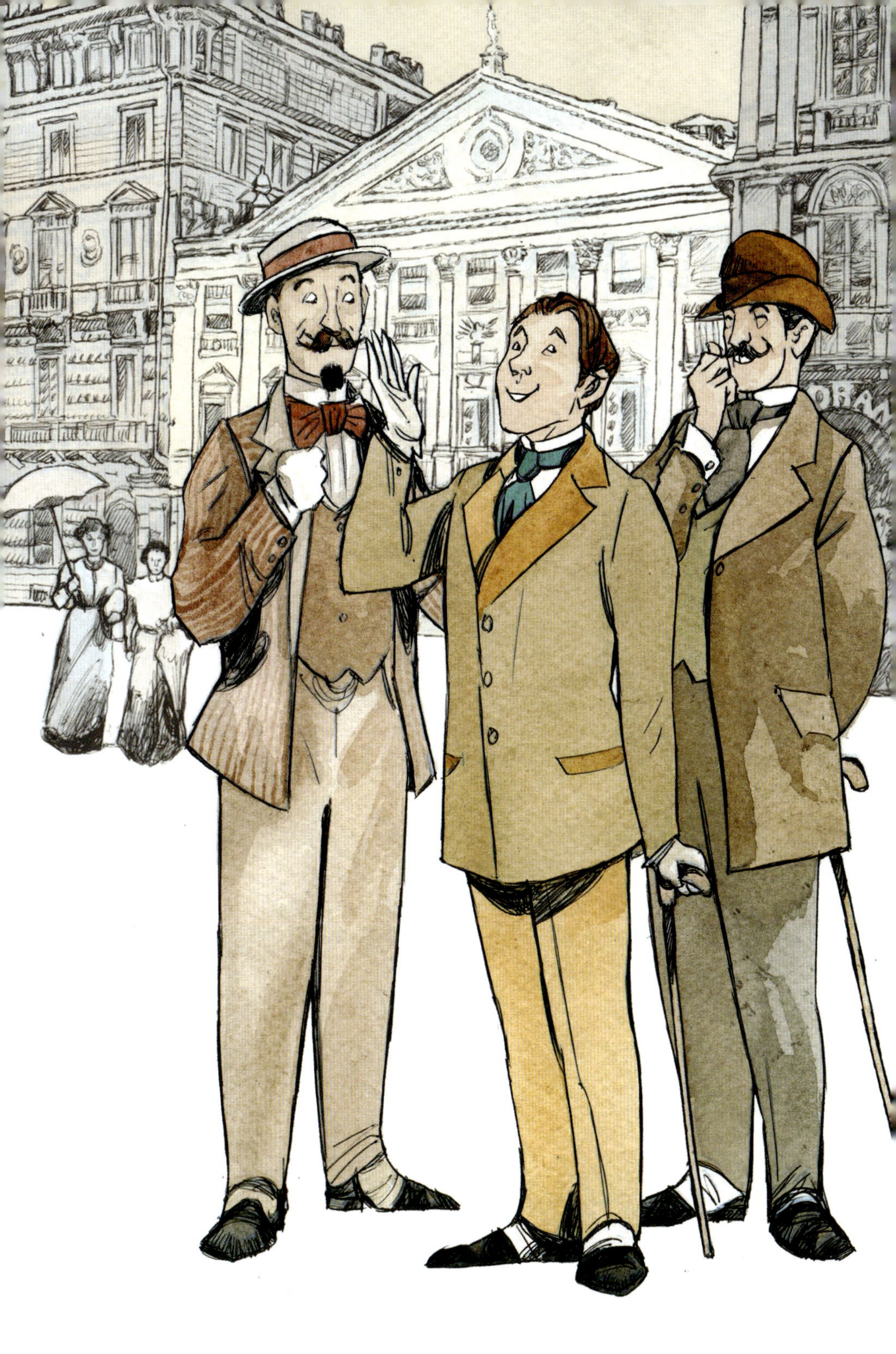

CAPITOLO 5

Ma la cosa dura poco. Con l'arrivo della primavera, infatti, la maestra Pedani indossa spesso un vestito marrone di lana leggera che ne mette in evidenza la bellezza e il corpo da nuotatrice. Così bastano tre, quattro "Buongiorno" scambiati con la maestra nella sua splendida tenuta[2] primaverile per far perdere completamente la testa al povero segretario, che torna ad essere quello di prima. Ben presto abbandona il caffè Monviso, i sigari, il teatro, gli amici e gli atteggiamenti baldanzosi. Della sua ribellione di un mese gli resta solo la cravatta celeste.

Ma don Celzani è anche un tipo ostinato[3], e ancora non ha perso le speranze. Su consiglio del solito ingegner Ginoni, decide di cambiare un'altra volta strategia e cerca di dare alla sua passione l'aspetto di una tranquilla amicizia. Per le scale, ora parla con la maestra del tempo, degli orari scolastici, del più e del meno, ma sempre in modo calmo, educato e piacevole. Niente più dichiarazioni d'amore, niente più suppliche e silenzi da innamorato in adorazione. La Pedani, in fondo, apprezza e tra lei e il segretario nasce così una certa familiarità.

Don Celzani si prepara quindi al passo successivo.

Un giorno, porta alla maestra un numero della «Tribuna», una rivista che lo zio legge regolarmente e sulla quale ha trovato un articolo su alcune posizioni della ginnastica. La maestra è piacevolmente sorpresa:

"Grazie davvero, signor Celzani. In realtà, sulle braccia conserte ho scritto un paio di articoli anch'io...", dice, tenendo la rivista tra le mani.

Non sa che il vicino sta preparando per lei altre sorprese. A casa, infatti, ha preso l'abitudine di leggere tutto quello che trova sulla

2. **tenuta**: abbigliamento, divisa, *mise*.
3. **ostinato**: testardo, che non cambia facilmente idea.

Tutto va a rotoli

ginnastica. Si documenta, studia, approfondisce, fino a quando un giorno trova il coraggio per chiedere:

"Signorina Pedani, cosa pensa lei della questione degli attrezzi?"

"Non se ne può fare a meno" risponde lei con un sorriso "anche se certo bisogna evitare quelli pericolosi…"

"Lo credo anch'io" aggiunge serio don Celzani, cercando le parole "si possono lasciare da parte quelli inutili, ma non c'è dubbio sul fatto che gli attrezzi siano necessari a un corretto sviluppo fisico."

"Alla buon'ora!" esclama la maestra, sempre più incuriosita. Da lì in avanti la conversazione diventa più fitta, come se parlassero tra loro due colleghi, due specialisti della materia. Don Celzani è molto emozionato. Ha finalmente trovato il modo per avvicinare la sua amata e conquistare piano piano un po' del suo interesse. Inoltre, ha un asso nella manica, che si prepara a tirare fuori. Purtroppo però, proprio il giorno prima di quello in cui don Celzani pensa di svelare alla maestra il suo segreto, il figlio dell'ingegner Ginoni gli rovina tutti i piani.

"Papà, la sai l'ultima novità?" dice entrando in casa. "Don Celzani va in palestra!"

Tutta la famiglia scoppia in grandi risate.

"No, non posso crederci" dice l'ingegnere.

"Papà, non ci sono dubbi" insiste il giovane "l'ho visto entrare in palestra da corso Umberto, nell'ora di entrata degli altri soci."

E così, nel giro di poche ore, tutto il palazzo viene a sapere che il segretario ha cominciato a fare ginnastica…

Le cose, da quel momento, vanno sempre peggio. La maestra Pedani, con l'arrivo dell'estate, tira fuori abiti ancora più leggeri, che mettono in mostra le braccia e le spalle perfette, aumentando la sofferenza del segretario.

CAPITOLO 5

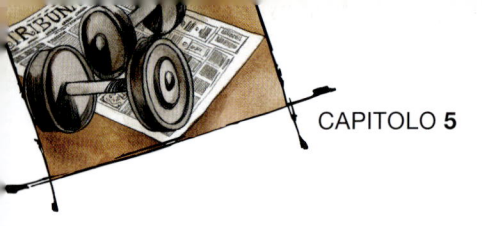

Come faceva un tempo, torna spesso nell'abbaino, si inginocchia tra la polvere e le foglie secche e osserva le lezioni che la Pedani — ora a busto [4] scoperto per metà — continua a dare, mentre lui si dispera. Anche con i vicini le cose non vanno bene: a causa della sua gelosia, il segretario ha litigato con il giovane Ginoni e ora tutta la famiglia ha smesso di salutarlo. Inoltre, i vicini hanno cominciato a lamentarsi di lui con lo zio. La situazione è grave e il commendatore, dopo l'ennesima [5] lamentela per un errore del nipote, perde la pazienza e decide di parlargli. Lo sta aspettando in salotto, e lo vede arrivare pallido, impolverato e con la fronte fasciata.

"Cosa mai ti è successo?" gli chiede subito.

"Nulla zio... è che... in palestra... nulla... davvero."

"Ma non è possibile! Cosa hai fatto alla testa?"

"Ehm... ho voluto fare un esercizio troppo difficile alla trave e ho messo male un piede. Sono caduto sbattendo la testa su una delle travi di sostegno. Ecco tutto."

Il commendatore, invece di provare pietà, è ancora più infastidito. Con una severità che non ha mai dimostrato prima, borbotta: "Quando la finirai con questa pagliacciata?"

E dopo un momento continua: "Ascoltami bene. Sono stanco della tua vita disordinata. Tutto il palazzo parla male di te, tutti si lamentano di te. Questo scandalo deve finire."

Don Celzani è pietrificato [6], ma il commendatore ha ancora qualcosa da dire.

"Se entro una settimana il tuo atteggiamento non cambia completamente, ti invito a preparare la valigia. Ho già trovato chi potrebbe sostituirti. E ora lasciami in pace. Voglio cenare da solo."

---

4. **busto**: la parte superiore del corpo, compresa tra collo e vita.
5. **ennesima**: l'ultima di una lunga serie.
6. **pietrificato**: muto e immobile per l'imbarazzo.

Comprensione

1 **CELI 2** Rileggi il capitolo e indica l'alternativa corretta.

1. Con l'arrivo della primavera la maestra Pedani
    - a ☐ cambia atteggiamento e non saluta più il segretario.
    - b ☐ cambia atteggiamento e si mostra più timida del solito.
    - c ☐ cambia abbigliamento e si mostra più bella di prima.
2. Don Celzani dimostra di avere un carattere
    - a ☐ debole.   b ☐ determinato.   c ☐ scontroso.
3. Adesso il segretario si interessa di
    - a ☐ meteorologia.   b ☐ questioni scolastiche.
    - c ☐ ginnastica e sport.
4. Il figlio dell'ingegner Ginoni scopre che
    - a ☐ il segretario va in palestra.
    - b ☐ lo zio vuole licenziare suo nipote.
    - c ☐ la maestra Pedani sta diventando molto amica del segretario.
5. Il commendatore decide di parlare con suo nipote per
    - a ☐ sapere cosa ha fatto alla testa.
    - b ☐ dirgli che i vicini si lamentano di lui e che se non cambia deve andar via.
    - c ☐ annunciargli che vuole cenare da solo.

Competenze linguistiche

1 Collega le seguenti parole alla definizione corretta.

1. ☐ disinvolto   3. ☐ socio   5. ☐ conserte
2. ☐ pagliacciata 4. ☐ scandalo   6. ☐ fitto

- a comportamento poco serio, ridicolo
- b vergogna
- c denso, intenso
- d sicuro di sé, a suo agio
- e intrecciate
- f chi fa parte di un'associazione, di un circolo culturale e simili

ANGOLO CULTURA

A Torino vale la pena di concedersi una pausa in uno dei tanti eleganti caffè storici ancora attivi in città. Vediamo di seguito tre tra i più famosi.

Caffè Mulassano
Frequentato dai Savoia fino al 1926 e poi da Guido Gozzano, Erminio Macario, Mario Soldati e Giovanni Arpino. Gli ambienti sono caratterizzati da splendidi specchi e *boiserie*. Qui è stato inventato il tramezzino.

Al Bicerin
Questo storico locale, fondato nel 1763, prende il nome dall'omonima bevanda analcolica a base di caffè, cioccolato e crema di latte. Il più celebre consumatore di "bicerin" è stato il conte di Cavour.

Caffè San Carlo
Situato sull'omonima piazza, è stato il primo locale d'Italia a utilizzare l'illuminazione a gas. Tra i molti scrittori e uomini illustri che lo frequentavano vale la pena di citare almeno Edmondo De Amicis e Alexandre Dumas, che qui gusta il suo primo bicerin, oltre a molti protagonisti del Risorgimento come D'Azeglio, Cavour e Rattazzi.

2 Indica se le seguenti affermazioni sono vere (V) o false (F).

		V	F
1	I Savoia frequentavano il caffè Mulassano.	☐	☐
2	"Bicerin" è il nome di una bevanda dolce e di un locale storico.	☐	☐
3	L'illuminazione a gas era tipica dei caffè torinesi.	☐	☐
4	De Amicis frequentava il caffè San Carlo.	☐	☐

Produzione scritta e orale

1 In un blog si discute di sport estremi: vietarli o multare chi infrange le regole di sicurezza? Scrivi il tuo parere.

2 Quali sono le forme di intrattenimento più comuni tra i giovani oggi? Secondo te, facilitano la vita sociale o portano all'isolamento? Discuti con un compagno.

Allieve e maestre della Reale Società Ginnastica di Torino.

Torino, capitale dello sport

Nel 1833 arriva a Torino dalla svizzera Rudolf Obermann, con l'incarico di insegnare ginnastica al Corpo degli artiglieri [1]. Gli esercizi che Obermann propone hanno lo scopo di formare "il buon soldato e il buon cittadino" e sono lontani dallo spirito agonistico [2] e da qualsiasi finalità di svago [3]. Obermann – che è più volte citato nella versione originale di *Amore e ginnastica* – inizia presto a insegnare anche alla popolazione civile e, nel 1844, fonda la **Reale Società Ginnastica di Torino**. Tutti i soci provengono dall'alta borghesia e dall'aristocrazia della città, cioè dalle uniche classi sociali che dispongono del tempo libero e del denaro necessari per praticare la ginnastica.

La Società ottiene inoltre, nel 1861, l'autorizzazione da parte del Ministero della Pubblica Istruzione ad aprire una scuola governativa per maestri di ginnastica, che diventa lo strumento fondamentale per diffondere la disciplina nelle scuole.

1. **Corpo degli artiglieri**: corpo dell'esercito specializzato nell'uso delle armi da fuoco.
2. **agonistico**: legato a una gara, a una competizione.
3. **svago**: distrazione, divertimento.

I vogatori della società Cerea, vincitori della II Regata di Genova.

Alla fine degli anni Sessanta più di mille ginnasti affollano i locali della Società.

Il più grande limite della ginnastica educativa è la sua impostazione militare, che la rende rigida e ripetitiva, poco adatta a soddisfare le esigenze di chi cerca nello sport una fonte di svago. I principali concorrenti della ginnastica sono, da questo punto di vista, gli sport agonistici di origine inglese, come il calcio e il canottaggio.

La più antica associazione torinese di canottaggio è la **Società canottieri Cerea**, fondata nel 1863, alla quale si aggiungono negli anni successivi la Canottieri Esperia, la Caprera, l'Armida, l'Eridania e la Società canottieri ginnastica. Anche il canottaggio è uno sport d'élite, che raccoglie soci provenienti soprattutto dall'alta borghesia.

I vogatori della Cerea partecipano nel 1875 e nel 1876 alle importantissime regate di Genova. In quelle gare sono gli unici canottieri a rappresentare la città di Torino e conquistano il premio del Re e il Gonfalone delle Dame Genovesi.

Nel 1863, grazie a Quintino Sella [4], nasce a Torino il **Club Alpino Italiano** (C.A.I.). Tra gli obiettivi dell'associazione c'è, oltre allo

---

4. **Quintino Sella (1827-1884)** : politico, alpinista e mineralogista italiano. È per tre volte Ministro delle Finanze del Regno d'Italia.

sviluppo dell'amore per la montagna e alla promozione di studi approfonditi di ogni suo aspetto, anche quello tipicamente risorgimentale[5] di 'affratellare le genti italiane' e di far loro conoscere le bellezze della patria comune, delle quali la montagna rappresenta una parte fondamentale.

Nella Torino di fine Ottocento, un altro sport molto diffuso è il **velocipedismo**. Nel 1882 nasce il Veloce-club torinese, che ha sede nel parco del Valentino e nel 1889 conta 172 soci. Il primo campionato italiano di velocipedismo si svolge proprio a Torino nel 1888. Due anni dopo si organizzano le prime gare internazionali che, al posto di medaglie e coppe, prevedono per la prima volta premi in denaro. Questa novità indica che è in corso un profondo cambiamento: il lucro[6] sta diventando uno degli obiettivi degli atleti e lo sport si sta trasformando da attività educativa in spettacolo.

La prima **società calcistica** del mondo nasce nel 1855 in Inghilterra ed è lo Sheffield Club, ma solo nel 1871 viene creato il ruolo del portiere, l'unico giocatore al quale è consentito toccare la palla con le mani. Il 1878 è l'anno di introduzione del fischietto: fino a quel momento l'arbitro era costretto a dirigere le partite aiutandosi con urla e gesti. Nel 1886 le quattro confederazioni di Inghilterra, Scozia, Irlanda e Galles fondano l'*International Board*, che ancora oggi è l'unico organismo mondiale al quale spetta il diritto di modificare le regole del *football*.

In Italia, il primo campionato di calcio si gioca a Torino l'8 maggio 1898, presso il velodromo Umberto I. Partecipano le tre squadre

---

5. **Risorgimento** : periodo della storia d'Italia durante il quale, tra il 1815 e il 1870, la penisola italiana viene riunita in un solo Stato, il Regno d'Italia.
6. **lucro** : guadagno, profitto.

La formazione della Juventus del 1905.

della città (la Ginnastica Torino, l'Internazionale torinese, il Football club torinese) e il Genoa, che nello stesso anno hanno dato vita alla Federazione Italiana del Football. L'incasso della finale ammonta a 197 lire per 100 spettatori: vince il Genoa.

Le due squadre storiche della città sono però la Juventus e il Torino. La **Juventus** nasce nel 1897 per iniziativa di un gruppo di studenti del liceo Massimo d'Azeglio che, per le loro prime riunioni, usano una panchina vicino alla scuola. La prima divisa è una camicia bianca con pantaloni neri, sostituita più tardi da una maglia rosa con cravatta e berretto, abbandonata nel 1903. In quell'anno una ditta di Nottingham è incaricata di fornire la nuova divisa alla Juventus. Sembra che l'ordinazione che arriva da Torino non contenga l'indicazione del colore scelto e che per questo gli inglesi decidano di confezionare divise identiche a quelle della squadra del Nottingham. Da allora la Juventus sarà per sempre 'bianconera'.

Nel 1906 la Juventus arriva in finale di campionato contro il Milan. I bianconeri si rifiutano di scendere in campo, accusando gli avversari di aver manomesso [7] il terreno di gioco. Perdono così, a tavolino [8], la

7. **aver manomesso** : aver alterato, aver danneggiato.
8. **a tavolino** : senza aver effettivamente giocato.

Il Grande Torino in un'immagine commemorativa.

partita e il campionato. Il fatto crea grandi contrasti all'interno della società. Per protesta, il presidente e imprenditore svizzero Alfred Dick decide di lasciare la squadra e, la sera del 3 dicembre 1906, nelle sale della birreria Voigt, fonda il **Torino Football Club**. La maglia sarà granata, in onore della squadra ginevrina del Servette. Alla presidenza viene eletto un altro svizzero, Hans Schoenbrod. Tra il 1942 e il 1948 la squadra conquista ben cinque scudetti e una Coppa Italia. Le imprese straordinarie di quel periodo le meritano il nome di Grande Torino ed eguagliano il precedente record juventino del cosiddetto Quinquennio d'oro (1930-1935).

Comprensione

1 Rispondi alle seguenti domande.

1. Chi è Rudolf Obermann e perché è legato a Torino?
2. Quali sport si diffondono in città alla fine dell'Ottocento e presso quali classi sociali?
3. Come cambiano le finalità dello sport nel corso degli ultimi anni del XIX secolo?
4. Che cos'è il C.A.I.?
5. Quali sono le squadre di calcio torinesi e come nascono?

ATTIVITÀ

Prima di leggere

1 Abbina le seguenti parole alle immagini corrispondenti.

a cortile
b piuma
c aula

d scalino
e turbine
f nuca

2 Guarda l'immagine a pagina 71 e rispondi alle domande.

1 Dove pensi che si stia svolgendo la scena?
2 Chi può essere considerato il personaggio protagonista?
3 Cosa sta facendo il pubblico? Perché, secondo te?
4 Com'è vestita la maestra Pedani?
5 Che cosa sta dicendo, secondo te, la donna in alto a sinistra che parla con un collega?
6 Che cosa pensi che succederà appena il discorso della Pedani sarà terminato?

CAPITOLO **6**

Epilogo

Don Celzani non ha scelta: deve lasciare per sempre la casa dello zio. Non sa se partire per Genova e da lì imbarcarsi per l'America, oppure restare a Torino e spendere tutti i suoi risparmi in bagordi per cercare di dimenticare. Di una cosa sola è certo: deve andare via al più presto. In silenzio, prepara la valigia fino a notte fonda. Poi si butta sul letto ancora vestito e ascolta, per l'ultima volta, i rumori che arrivano dal piano di sopra e che quella notte sembrano non finire mai. Da una settimana, infatti, si è aperto a Torino un Congresso di maestri e il giorno seguente sarà dedicato alla ginnastica. La Pedani è tra i relatori e quella notte è alzata per rileggere e rifinire il testo del suo discorso. Don Celzani la

67

CAPITOLO 6

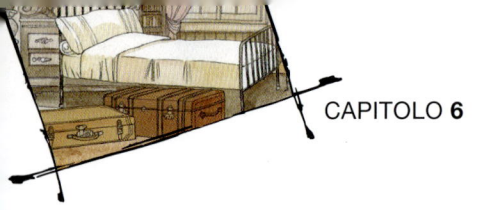

sente andare avanti e indietro e cerca di rassegnarsi[1] al pensiero di abbandonare per sempre quella camera. Ripensa al passato, piange, si morde i pugni, si chiede cento volte cosa fare e come salutare colei che non potrà mai dimenticare.

Il mattino dopo, decide di andare di persona. La maestra è sola in casa e si sente un po' triste. La sera prima la Zibelli le ha fatto una delle solite scenate di gelosia e lei comincia ad essere stanca. Vorrebbe solo un po' di serenità.

Il segretario la trova nel salottino, mentre aspetta alcune amiche con le quali ha appuntamento. Lui entra, pallido, con il cappello in mano e la testa fasciata, e neppure si vuole sedere.

"Signor Celzani, buongiorno. Ma... cosa ha fatto alla testa?"

"Sono caduto in palestra, niente di grave" dice lui. E subito dopo aggiunge a bassa voce: "Sono qui per salutarla."

"Parte per la campagna? Non viene neppure al Congresso?" chiede lei, un po' sorpresa.

"Ah... già... il Congresso... Non so... non ci pensavo" farfuglia il segretario. E, tenendo gli occhi bassi, aggiunge: "Signorina, io oggi non vado in vacanza. Oggi sono qui per dirle addio."

Lei lo guarda, capisce ogni cosa e non trova le parole. In un attimo ripensa a come quell'uomo buono, operoso[2], benvoluto da tutti, abbia perso la pace per lei e per lei sia diventato un altro. Lei è stata la causa di tutte le sue sofferenze e infine... per lei si è anche rotto la testa. Per un momento se lo immagina mentre, per amor suo, cade dalle travi e prova per la prima volta un sentimento di tenerezza, che la fa sorridere. Ma don Celzani non capisce, pensa ad una canzonatura[3] e tutto resta sospeso nell'imbarazzo. In quel

1. **rassegnarsi**: accettare, arrendersi a un'idea.
2. **operoso**: che lavora con impegno.
3. **canzonatura**: scherzo, presa in giro.

Epilogo

momento arrivano dalle scale le voci allegre delle amiche che sono venute a prendere la maestra e che, entrando in casa, gli tolgono anche la consolazione dell'ultimo saluto. Le loro voci riempiono il salottino.

"Eccoci! Eccoci!"
"Allora, sei pronta?"
"Ma che eleganza! Questo cappellino è delizioso!"
"Allora... andiamo? Su, si fa tardi!"

Lui la guarda ancora una volta e, bevendosi le lacrime, esce senza essere visto.

Il Congresso si tiene a Palazzo Carignano, nell'aula dell'antico Parlamento subalpino. Ci sono più di trecento partecipanti, che arrivano da tutto il paese. In quel salone così importante, dove hanno parlato uomini illustri come Giuseppe Garibaldi e il conte di Cavour, ora siede una folla di maestri elementari molto diversi tra loro.

Al posto dei capelli bianchi e delle teste calve [4] degli anziani uomini di legge che hanno contribuito a unificare l'Italia, ora si vedono penne e fiorellini colorati, che spiccano [5] sui cappellini delle maestre. Al posto di Garibaldi, siede un vecchio maestro di campagna con una grande pancia. La presidenza è tenuta da un maestro prete, napoletano, e ci sono molti altri maestri arrivati dalle regioni del sud.

Arriva, a sorpresa, anche don Celzani, che cerca tra la folla la maestra Pedani e spera, per tutta la durata dei discorsi degli altri, che lei alzi lo sguardo e si accorga di lui.

---

4. **calve** : senza capelli.
5. **spiccano** : si fanno notare, sono in evidenza.

CAPITOLO 6

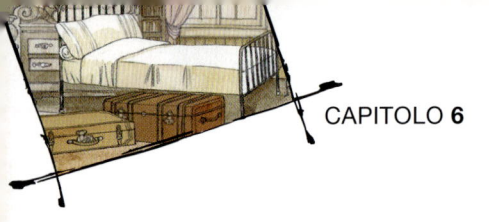

Le ore passano, si alternano gli oratori, ma per il segretario il tempo sembra immobile. Non sente una parola delle presentazioni e delle discussioni che seguono: è come assopito[6], stordito.

"La parola passa alla maestra Pedani" dice a un certo punto il presidente. Don Celzani per un istante scatta in piedi, come risvegliandosi all'improvviso, poi torna a sedersi, nascosto tra i maestri. Prima si sente un mormorio, poi cala un grande silenzio. Si capisce che la maestra è molto conosciuta e tutti aspettano il suo discorso, che è un appassionato appello alla nazione. Con forza e determinazione, la Pedani cerca di far capire ai colleghi quanto sia importante iniziare un'opera di propaganda in favore della ginnastica per convincere tutti della sua importanza. Gli applausi interrompono spesso le sue parole: è, dall'inizio alla fine, un grande successo.

"Brava! Brava!" grida il pubblico a conclusione del discorso. "Viva la ginnastica!"

Don Celzani è come stordito, assente. Sta per perdere per sempre la donna che ama e questa certezza gli toglie anche la forza per alzarsi in piedi e partecipare agli applausi.

La Pedani scende dal suo banco tra due ali di folla, mentre continuano le grida di congratulazioni e gli applausi. Si fa avanti tra gli altri l'ingegner Ginoni, che le stringe le mani:

"Sublime!" le dice. "Mi ha quasi convertito[7]! Non le dico altro!"

Quando finalmente la folla che la circonda comincia a diminuire, il segretario riesce a vederla. Non gli è mai sembrata così bella, in quell'abito nero semplice ed elegante, ornato solo da un cappellino

---

6. **assopito** : leggermente addormentato.
7. **mi ha quasi convertito** : *(qui)* mi ha quasi convinto a cambiare completamente idea. Convertirsi: cambiare le proprie convinzioni religiose, scegliere una nuova religione.

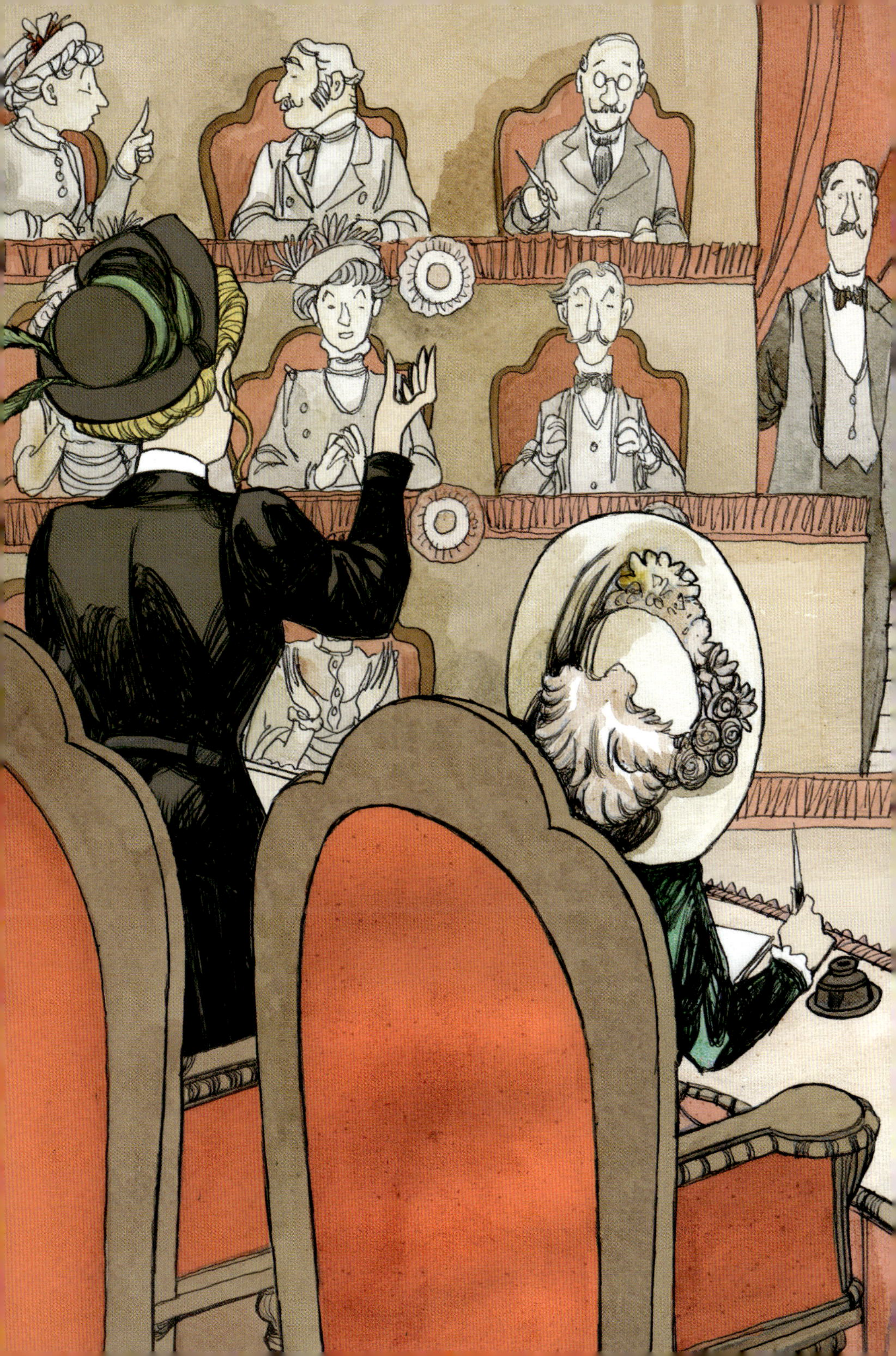

CAPITOLO 6

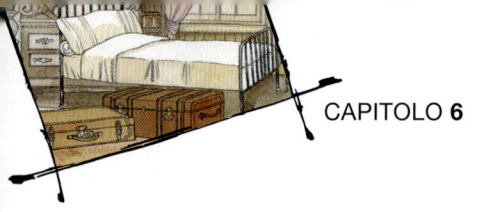

con le piume verdi. La guarda come se fosse già lontanissima da lui, al di là di un immenso fiume, in cima a una montagna dietro alla quale sembra che stia per sparire per sempre.

Intanto lei esce per strada affiancata dalle amiche. Don Celzani la segue a distanza, per guardarla fino a quando può, prima di andare a prendere le sue cose e partire. Al portone le amiche la salutano, mentre lui si ferma all'angolo di via San Francesco, in attesa di vederla scomparire, come in un abisso.

Ma è un attimo. Appena la maestra entra nel portone, lo prende il desiderio improvviso e incontrollabile di dirle addio ancora una volta. Fa la strada di corsa, entra nel cortile, si nasconde dietro una colonna e la osserva andare a passi lenti verso la porta interna.

Ogni tanto lei si volta, come se avesse perso qualcosa, o come se — dopo quel trionfo — non avesse voglia di tornare a casa così sola, per quella scala nera e triste. Lui allora le va dietro in punta di piedi, lentamente, trattenendo il respiro, ma al secondo piano non ce la fa più. Accelera, la raggiunge e si trovano uno di fronte all'altra, nel buio, lei sopra uno scalino più alto.

"Il signor Celzani?" chiede a bassa voce.

"Sono venuto a dirle addio!" risponde lui con un singhiozzo.

Non ha ancora finito di dirlo, quando sente una mano vigorosa [8] sulla nuca e due labbra infuocate sulla bocca. Lo invade una gioia folle, che è come un paradiso oscuro, nel quale si sente sollevato [9] come da un turbine.

Gli esce dalla bocca solo un grido strozzato:

"Oh!... Santo cielo!"

---

8. **vigorosa** : forte, energica.
9. **sollevato** : portato in alto.

Comprensione

1 Metti i fatti in ordine cronologico.

a ☐ Il pubblico applaude con entusiasmo il discorso della maestra Pedani.
b ☐ Il segretario guarda andare via la sua amata, che sta per entrare nel portone.
c ☐ Il presidente dà la parola alla maestra Pedani.
d ☐ Le colleghe interrompono l'ultimo saluto del segretario alla maestra Pedani.
e ☐ Don Celzani ascolta i rumori che arrivano dalla camera sopra la sua e si dispera.
f ☐ La maestra Pedani è da sola nel salottino e accoglie con piacere l'arrivo del vicino.
g ☐ La maestra si accorge di non essere sola per le scale.
h ☐ L'ingegner Ginoni si fa largo tra la folla e fa i complimenti alla sua vicina.
i ☐ Il segretario scatta in piedi, come risvegliandosi da un sogno.
l ☐ Don Celzani va via abbattuto e in silenzio, senza nemmeno un saluto.

Grammatica

Il pronome relativo *che*

Una delle funzioni della particella **che** è quella di **pronome relativo**.
Che sostituisce un sostantivo maschile o femminile, singolare o plurale, e unisce due frasi.
Il **che relativo** può avere funzione di soggetto e di complemento oggetto. Nel primo caso, può essere sostituito dai pronomi *il quale, la quale, i quali, le quali* accordati in genere e numero al sostantivo di riferimento. Nel secondo caso è invariabile.
*Marcella, **che** (la quale) come sempre ha fatto un buon lavoro, vuole chiedere un aumento di stipendio.*
*Abbiamo chiesto aiuto ai nostri cugini, **che** (i quali) ci hanno dato la massima disponibilità.*
*La giacca **che** mi hai regalato è molto bella.*
*I libri **che** dobbiamo leggere quest'estate sono tutti molto interessanti.*

ATTIVITÀ

1 Indica se il pronome relativo è soggetto (S) o complemento oggetto (CO). Quando è possibile, sostituiscilo con *il quale, la quale, i quali, le quali*.

1 Mio padre, che è sempre molto attento alla dieta, non resiste al tiramisù. ....
2 Gli attrezzi che utilizzi in palestra sono piuttosto pericolosi. ....
3 Stasera vedremo il film che ci ha consigliato Giovanni. ....
4 Abbiamo avvisato i nostri genitori, che erano molto preoccupati per il nostro ritardo. ....
5 Non ho capito che cosa volesse la professoressa, che secondo me spiega troppo in fretta. ....
6 Vi piacciono le decorazioni che abbiamo messo alla finestra? ....

Competenze linguistiche

1 Indica l'alternativa corretta.

1 *Fare bagordi* significa
   a ☐ esagerare nel bere, nel mangiare e nel divertirsi.
   b ☐ comportarsi in modo stravagante e imprevedibile.
   c ☐ fare molto rumore, essere fastidioso.
2 Un sinonimo di *relatore* è
   a ☐ cantautore.
   b ☐ oratore.
   c ☐ redattore.
3 *Farfugliare* è il contrario di
   a ☐ balbettare.
   b ☐ imbrogliare qualcuno.
   c ☐ parlare chiaramente e in modo disinvolto.

ATTIVITÀ

4   Nella frase *cala il silenzio*, il verbo è sinonimo di
    a ☐ aumenta.
    b ☐ scende.
    c ☐ diminuisce.

5   Il contrario di *anziano* è
    a ☐ giovane.
    b ☐ ingenuo.
    c ☐ nuovo.

6   *Fare una scenata* significa
    a ☐ recitare a voce molto alta.
    b ☐ perdere la pazienza.
    c ☐ rimproverare in modo violento.

Produzione scritta e orale

1 Scrivi un finale diverso per *Amore e ginnastica*. Prendi in considerazione, se vuoi, una di queste possibilità:

- far tornare in scena la maestra Zibelli;
- inserire nella storia un personaggio completamente nuovo;
- ambientare la scena al porto di Genova, dove il segretario si è appena imbarcato per l'America.

2 Prepara un breve discorso in difesa di una delle attività a cui tieni maggiormente: può essere uno sport, un hobby, un'attività culturale o altro. Devi convincere il pubblico che ti ascolta dell'importanza di questa attività per i giovani e della necessità di renderne consapevoli quante più persone è possibile. Leggi la presentazione in classe e preparati a rispondere alle domande che i compagni potrebbero farti.

Amore e ginnastica: dal libro al film

Titolo: Amore e ginnastica
Anno: 1973
Paese: Italia
Durata: 112'
Regista: L. F. d'Amico
Attori: S. Berger, L. Capolicchio, A. Asti

Nel 1973 esce, per la regia di Luigi Filippo d'Amico, la versione cinematografica di *Amore e ginnastica*.

Come spesso capita quando un'opera letteraria ispira[1] un film, non tutto ciò che dice il testo originale è rispecchiato fedelmente dalla pellicola e alcune delle libertà che si concede il regista meritano una riflessione.

Un primo aspetto interessante è l'uso della lingua. Nel testo originale, De Amicis evita l'uso del dialetto piemontese e fa parlare tutti i suoi personaggi in un italiano "medio", che riflette l'ideale manzoniano[2] di una lingua letteraria uguale per tutti gli italiani. Al contrario, nel film i protagonisti parlano italiano, mentre il dialetto compare in bocca ai personaggi delle classi sociali meno elevate e meno istruite (la portinaia, la serva...) Ciò probabilmente contribuisce a rendere più verosimile la rappresentazione di ciò che effettivamente accadeva all'epoca nella vita quotidiana, quando l'italiano era usato solo da una minoranza agiata e istruita.

Inoltre, nel libro i personaggi principali sono chiamati quasi sempre per cognome e della maggior parte di loro non si conosce il nome di battesimo.

1. **ispira**: offre lo spunto, l'idea di partenza per qualcosa.
2. **manzoniano**: Alessandro Manzoni (1785-1873): uno fra i più importanti scrittori italiani, specialmente per il romanzo *I promessi sposi* con il quale, attraverso l'uso di una lingua nazionale, crea un modello fondamentale per la successiva produzione letteraria.

Cinema

Nel film invece scopriamo che il segretario si chiama Simone e che la Zibelli si chiama Elena. L'esigenza di dare un nome ai personaggi potrebbe nascere soprattutto dalla necessità di rendere credibili e realistici i dialoghi, ovvero gli scambi "a tu per tu" che costituiscono la sostanza stessa dell'opera. Nel caso del testo di De Amicis, invece, sugli scambi di battute prevale la voce narrante in terza persona.

Altre differenze riguardano la rappresentazione dei personaggi e alcuni aspetti della trama. Il segretario Celzani è interpretato da un giovane Lino Capolicchio che, su un viso pallidissimo e magro, mostra barba e baffi. Sappiamo invece da De Amicis che proprio barba e baffi suscitano nel segretario una profonda antipatia, e che si rifiuta di portarli. Si può pensare, in questo caso, che l'aggiunta di questo particolare sia servita al regista per dare all'attore un aspetto più maturo e vicino per età a quello della maestra Pedani rispetto a quello che sarebbe risultato da un viso completamente sbarbato.

Scopriamo poi che la maestra Pedani e la maestra Zibelli sono diverse non solo nell'aspetto e nel carattere, ma anche negli interessi. D'Amico, infatti, trasforma la Zibelli in un'appassionata insegnante delle scuole serali: la vediamo impegnata a cercare di insegnare l'alfabeto a una classe di omaccioni con le mani rovinate dal lavoro. Il disinteresse della maestra Zibelli per la ginnastica e il suo tentativo di "far carriera" in maniera autonoma rispetto alla Pedani accresce nel film la distanza tra le due colleghe.

Infine, nel film assistiamo addirittura a un duello tra il segretario e un avversario in amore e scopriamo anche che, nel finale, don Celzani cade in palestra da un'altalena sospesa nel vuoto a una notevole altezza e si rompe la testa. Nel primo caso, l'episodio prende spunto da un fatto che nel libro è appena accennato; nel secondo caso, l'altalena che dondola pericolosamente a molti metri da terra ha preso nel film il posto della trave della quale parla De Amicis a proposito dell'incidente che capita al protagonista.

Insomma, il timido e svagato [3] don Celzani acquista, nel passaggio dalla carta alla celluloide, una forte dose di coraggio. Questo, agli occhi del pubblico, potrebbe renderlo ancora più meritevole dell'amore della coriacea [4] maestra Pedani.

Comprensione

1 Rispondi alle seguenti domande.

1 Quando esce il film *Amore e ginnastica*? Chi è il regista? Chi sono gli interpreti principali?
2 Che lingua parlano gli attori nel film? Da questo punto di vista, qual è la principale differenza rispetto al testo letterario?
3 Quale motivazione può aver spinto il regista ad inventare per i protagonisti i nomi di battesimo?
4 In che cosa il segretario che vediamo nel film è diverso dal personaggio descritto da De Amicis? E la maestra Zibelli?

---

3. **svagato**: distratto, con la testa tra le nuvole.
4. **coriaceo**: duro come il cuoio; per estensione: insensibile, freddo.

TEST FINALE

1 Metti le illustrazioni nel giusto ordine cronologico. Poi:

- inventa un titolo per ciascuna illustrazione;
- aiutandoti con le illustrazioni, fai il riassunto orale della storia.

a	b	c

....

d	e	f

....

2 Fotocopia questa pagina, ritaglia le illustrazioni e incollale nell'ordine giusto su un foglio di carta. Cosa potrebbero dire o pensare i personaggi in ciascuna illustrazione? Scrivi in un fumetto le frasi o i pensieri che ti sembrano appropriati. Poi aggiungi sotto ogni illustrazione una breve descrizione di ciò che sta accadendo.

TEST FINALE

3 **Indica quale personaggio si nasconde dietro ogni frase.**

1. Corteggia la maestra Pedani e fa ingelosire don Celzani. ....
2. Offre buoni consigli su come attirare l'attenzione della maestra. ....
3. Offre buoni consigli sulla salute a tutti i vicini di casa. ....
4. Consiglia di prendere informazioni prima di fare una proposta di matrimonio. ....
5. Parla male dei vicini e in particolare della maestra Pedani. ....
6. Per un attacco di rabbia e di gelosia, vorrebbe spaccare tutto. ....
7. Con l'arrivo della bella stagione, mette abiti che ne evidenziano la bellezza. ....
8. Ha un incarico importante nel mondo della scuola. ....
9. Minaccia di "licenziamento" uno dei protagonisti della storia. ....
10. Ad un certo punto della storia, si trasforma nel comportamento e nell'aspetto. ....
11. Racconta alla famiglia che don Celzani va in palestra. ....
12. Critica la maestra Pedani, perché fa fare ginnastica alle allieve con la finestra spalancata. ....

4 **Quiz. Prova a rispondere in cinque minuti a queste domande. Puoi lavorare con un compagno, oppure potete fare una gara a squadre.**

1. Quanti anni hanno don Celzani e la maestra Pedani?
2. Chi abita di fronte alle due maestre?
3. Chi dice che la maestra Pedani "è sul libro nero"?
4. Chi dice, scherzosamente, "Abbasso la ginnastica!" quando incontra la Pedani?
5. Chi ha il compito di portare ogni mese l'affitto a casa Celzani?
6. Quali luoghi frequenta don Celzani nel periodo in cui fa nuove amicizie e cambia stile di vita?
7. Dove pensa di andare don Celzani lasciando Torino?
8. Dove si svolge la scena finale?